KB176673

일제의 전쟁과 학생 강제동원

—대구 전쟁시설 건설과 국제법 위반

김경남_경북대학교 인문대학 사학과 교수

현재 경북대학교 교수. 역사문화아카이브연구센터장.
교토대학, 국가기록원 연구원을 거쳐, 호세이대학(法政大學) 교수 역임.
U.C.Berkerly Visiting Scholar 역임.
한국 근대 도시사와 사회경제사를 주전공으로 하면서, 식민지 보상·배상문제와 관련
된 기록학에 관심을 가지고 연구하고 있다. 주요 저서로는 『일제의 도시건설과 자본
가』(선인, 2015), 『조선총독의 편지』(선인, 2015), 『일본의 식민지배와 역사적 책임』(경북
대출판부, 2020) 등이 있고, 「아시아 태평양 전쟁기 대구의 시가지 계획과 군사기지화
정책」(영남학, 2021), 「전시체제기 일본의 항공정책 변화와 조선 내 항공기지 건설: 대
한해협 주변 지역을 중심으로」(역사문화연구, 2023) 등 논문 다수가 있다.

경북대학교 인문교양총서 59
일제의 전쟁과 학생 강제동원
대구 전쟁시설 건설과 국제법 위반

초판 1쇄 인쇄	2024년 5월 28일
초판 1쇄 발행	2024년 6월 10일

지은이	김경남
기 획	경북대학교 인문대학
펴낸이	이대현
편 집	이태곤 권분옥 임애정 강윤경
디자인	안혜진 최선주 이경진
마케팅	박태훈 한주영

펴낸곳	도서출판 역락
출판등록	1999년 4월 19일 제303-2002-000014호
주소	서울시 서초구 동광로 46길 6-6 문창빌딩 2층 (우-06589)
전화	02-3409-2060
팩스	02-3409-2059
홈페이지	www.youkrackbooks.com
이메일	youkrack@hanmail.net

ISBN 979-11-6742-599-7 04910
      978-89-5556-896-7(세트)

이 책은 정부재정(지원)사업(국립대학육성사업)으로 한국연구재단의 지원을 받아 경북대학교 인문대학에
서 제작되었습니다.

본서에 사용된 이미지는 저작권법 제28조에 따라 보도·비평·교육·연구 등을 위해 공표된 저작물을 정당한
범위 안에서 인용할 수 있다는 규정에 의거하여 수록하였음을 밝힙니다.

일제의 전쟁과
학생 강제동원
—대구 전쟁시설 건설과 국제법 위반

김경남 지음

경북대학교 인문교양총서

059

역락

이 글은 글로벌적인 관점과 지역사적 관점에서 바라보는 일제의 한국인 학생 강제 동원에 대한 이야기이다. 특히 아시아태평양전쟁기 중에서 1938년부터 1945년까지 일제가 취한 학생 강제 동원이 ILO(국제노동기구)의 '학생 근로 금지' 라는 국제법을 위반한 것에 대해 다루었으며, 대구 소재 학생들을 사례로 증거를 제시하였다.

글을 쓰면서, 이러한 일들이 왜 벌어졌는가에 대한 통찰력 있는 거시적 흐름에 대하여 알아볼 필요가 있었다. 그래서 글의 제1부에서는 일본의 핵심 세력인 죠슈벌(長洲閥)의 중앙 권력 장악과정에 대하여 검토하였고, 일본정부가 미국과 영국의 힘을 빌어 청국, 러시아와 전쟁에 승리하면서 제국화 해가는 과정을 살펴보았다. 제2부에서는 아시아태평양전쟁기 전쟁이 장기화되면서 한반도의 전략적 위치가 변화되어 가는 실태에 대하여 알아보았다. 또한, ILO의 국제법이 만들어진 과정과 '학생 근로 금지'에 대한 조항에 대하여 검토하였고, 조선교육령 개정과 학생 강제동원 기구 등에 대하여 살펴보았다. 그리고 대구 소재 전문학교와 중등학교를 중심으로 일제가 학생을 어떻게 동원했는지에 대하여 밝혔다.

이를 통해 독자들이 80년 전 식민지 학생들에게 무슨 일이 있었는지에 대하여 알아보고, 이러한 일들은 현재까지 어떻게 형태를 달리하고 이어지고 있는지에 대하여 인식하며, 지정학적으로 중요한 요충지에 있는 국가의 국민들은 각자의 자리에서 무엇을 할지에 대하여 깊이 성찰하는 계기가 되었으면 하는 바램에서 이 글을 쓰게 되었다.

글을 쓴 직접적인 배경은 몇 해 전 일제시기 학생 강제 동원에 대하여 조사하면서, 이 시대 전공자로서 무엇인가 해야 할 소임이 있다고 생각하면서부터이다.

몇 해 전 대구에서 초등학교(당시 국민학교)를 다닌 89세 할아버지의 증언을 들은 적이 있는데, "학교에 가면 황국 신민 서사를 외우라 하고, 대구신사에 데려가 참배하게 하고 주변 청소를 시켰다"고 한다. "심지어 군대(육군보병제80연대)까지 데리고 가서 돼지 먹이 주기와 축사 청소를 강요받았는데, 억지로 시키는 일이라 하기 싫었는데 열심히 안한다고 야단도 맞고 벌점도 받았다." 이렇게 말씀하시고 "일본 놈들에게 당한 생각을 하면 아직도 마음이 아린다"고 하셨다. 또한 3형제가 풀죽을 나누어 먹고 배가 너무 고파 물로 배를 채우던 그 시절이 고달픈 기억으로 남아 있었다.

인터뷰를 끝내고 정리하면서, 어르신의 연세가 이리 높은데 그토록 오래된 기억이 아픔으로 남아있었다는 것이 너무나 안쓰러웠다. 그리고 '전쟁은 일본이 했는데, 왜 우리나라 사람들이 이렇게 슬픔과 분노를 안고 살아야 했는가. 일본은 왜 전쟁에 이런 어린 학생들까지 동원하였는가. 왜 이러한 역사들이 묻히고 말았는가. 오늘날의 한반도 정세도 별반 다르지 않아' 등등 많은 생각들이 교차하였다.

현재 일본정부는 "식민지 배상문제는 끝났다. '종군위안부'와 노무자를 동원할 때 강제하지 않았다"고 은폐하고 있다. 총독부 관보에도 '여러 처지 상관하지 말고 강제로 동원하라'고 명시되어 있는데도 불구하고 부정하고 있다.

어르신들의 증언과 당시의 사료를 보아도 강제동원이 이루어졌다는 사실은 명백하다. 일제는 학생들에게 학교 교육을 통해 식민주의 사상을 주입하였으며, 당시 학도근로동원본부는 '근로봉사'라는 미명 하에, 호박심기, 모심기, 벼베기, 수류탄 만들기, 비행장 참호 만들기 등 각종 근로 행위를 강요하였다. 본래 학교는 학생들이 자신이 가장 좋아하고 잘하는 일이 무엇이며, 이를 바탕으로 사회에 나갔을 때 자신의 미래를 위해 일할 자양분을 공급하는 곳이다. 그런데 식민지 시기의 학생들은 강제 근로 행위를 강요당하면서, 근로 자체가 즐겁지 못한 기억으로 각인되었다. 이러한 기억들은 일제가 물러난 뒤에도 그대로 묻어두면서 트라우마가 되어 응어리가 남게 되었으리라 생각된다.

한국은 지정학적 요건 때문에 19세기 중반부터 서양 열강과 일본 제국주의 전쟁의 소용돌이에 휘말려 들어갔으며, 일제가 중일전쟁, 태평양전쟁을 하게 되면서 그들의 병참기지가 되어버렸다. 이에 따라 한인 연 780만 명과 약 100만 명의 학생들이 강제 동원되었으며, 이들은 제국과 식민지의 전시 시스템의 가장 밑바닥에서 희생을 강요당하였다. 이러한 시스템에 의해 역동적인 근대를 만들어 갈 한국인들의 삶은 왜곡되게 되었으며, 미래의 비전을 바라보면서 사는 삶은 상상할 수 없게 되었던 것이다.

현재도 미국과 중국의 대결과 러시아와 일본의 국제 정치 속에서 한반도에는 전쟁의 위험이 도사리고 있다. 몇 년 전부터 일본은 독도를 자기 영토라고 하고 있으며, 이번에는 교과서에도 독도가 자국의 고유영토라고 쓰고 왜곡하고 있다. 또한 강제동원문제를 남북한과 일본이 모두 한 테이블에서 다루어야 하지만, 남북이 따로 일본과 교섭하고 있다. 특히 현재 한·일 정부의 강제 동원 문제는 국외에 징용당한 사람들 위주로 다루고 있으며, 한반도 내에서 벌어진 강제 동원은 논외로 하고 있다. 학생 강제 동원은 배상도 보상도 아예 언급조차 없다.

그러므로 이 글은 일본과 서구 열강의 식민지 쟁탈 전쟁 속에서 약소국 식민지의 학생들이 어떠한 생활을 강요당하였으며, 어떠한 구조 속에서 희생되고 인권을 유린당해왔는지에 대하여 그 실상에 대하여 생생하게 전달하려고 한다. 특히 일본 정부가 1932년 ILO(국제노동기구) 국제협약 제11조 학생 근로 동원 금지 조약을 위반한 사실을 발굴하여, 식민지 배상을 위한 새로운 증거를 제시하려고 한다.

이를 통해 대일항쟁기 강제동원피해 조사 및 국외강제동원 희생자 등 지원위원회(이하 대일항쟁기피해자지원위원회)에서 학생 강제 동원 항목을 넣을 수 있는 실증 자료를 제시할 수 있도록 한다. 아울러 우리들의 생명이 강대국들의 전쟁과 얼마나 밀접하게 연관되어 있는지 생각해 보는 계기가 될 수도 있을 것이다.

이 책에서는 학생 강제 동원 문제를 대구·경북권역을 중심으로 풀어나가려고 한다. 그것은 일제가 영·미 연합군 참전 이후 일본 본토가 위험하게 되어, 한반도 남부지역에 해양기지와 항공기지를 많이 만들었기 때문이다. 대구는 한강 이남에서는 가장 큰 육군의 주요 군사 거점이었고, 부산은 군사요새 기지로서, 일본과 한국에서 오고 가는 물동량을 책임지는 항구였기 때문이다. 그리고 이 지역 사람들은 전국에서 가장 많이 강제 동원되었다.

그때 동원된 학생들은 이미 돌아가신 분이 많으며, 아직까지 살아계신 분들은 90세를 넘기신 분들로서 이들의 인터뷰 기록을 남겨놓는 것도 중요한 작업 중의 하나가 될 것이다. '역사를 잊은 민족에게 미래는 없다'고 한다. 누군가 밝히고 싶지 않고 어두운 역사일수록 기록을 남기는 것은 참으로 힘든 작업이라고 할 수 있다. 이 할아버지 할머니들이 돌아가시면 영원히 묻혀버릴 수 있는 이야기들을 이제 시작하려고 한다. 이 이야기들에 귀를 기울이는 것은 오늘날 우리들의 현실 문제이며, 우리들의 미래를 준비하는 시작점이 될 것이다.

이 책은 제2부 총 8장으로 나누고 있으며, 다루고 있는 내용은 다음과 같다.

제1부 제1장과 제2장에서는 제국주의 전쟁과정에서 일본이 어떻게 한반도에 식민지 희생시스템을 만들었는지 살펴보고, 오늘날 왜 학생 강제 동원 문제를 제기하는지, 일본이 언제부터 전쟁을 준비하고 시작하였는지에 대하여 서술하고 있다. 야마구치현의 하기(萩)라는 작은 마을에서 죠슈벌이 어떻게 권력을 잡아나갔는지에 대한 과정과 일본의 제국주의 대륙 침략 과정에 대하여 다루고 있다.

제3장과 제4장에서는 미국의 대공황 이후 일본이 만주사변과 중일전쟁을 시작하고, 진주만을 습격하여 아시아·태평양전쟁으로 확전되는 과정에 대하여 이야기한다. 그리고 한반도가 병참기지로 개발되고 일본의 '생명선'으로 변화되는 과정을 구체적으로 설명한다.

제2부 제5장과 제6장에서는 ILO 국제노동기구총회에서 157개 국가가 비준한 강제 노동 금지 조항이 무엇인지 설명하고, 일본이 국제법을 어긴 실태를 대구·경북권 학생 강제 동원에 대한 개요를 검토하였다.

제7장과 제8장에서는 일제가 국가총동원령과 조선교육령을 통하여 학생들을 강제 동원할 수 있도록 각종 조치를 해나가고 군대에서 학교를 동원하여 학도 동원 체제를 만들어 내는 과정에 대하여 밝히고 있다. 그리고 그 국제법적 불법 실태에 대하여 대구 소재 학생들을 사례로 소개하고 있다.

이를 통해 일본이 자신들의 전쟁 과정에서 어떻게 식민지 학생들을 희생시켰는지에 대하여 생생하게 드러내고자 한다.

국가든 개인이든 부끄러운 과거를 진심으로 반성하는 것은 새로운 미래를 위한 출발점이 될 것이기 때문이다.

이 글을 쓰면서 많은 분의 도움을 받았다. 먼저 한국역사연구회 근대사 토지대장반 선생님들에게 발표하면서 수정 보완을 할 수 있었다. 또한 일제강제동원기념재단의 서인원 선생님과 한일민족문제학회의 김광열, 허광무, 김민영 선생님의 가르침도 있었다. 경북대학교의 주지훈, 노규선, 손효진 학우에게도 많은 도움을 받았다. 사진과 자료를 제공해주신 대구근대역사관, 대구광역시 기록관, 경북대학교 의과대학·기록관·박물관·학교사를 쓰신 해당 학교에도 감사의 말씀을 전한다. 그리고 어려운 출판환경 중에도 출판을 허락해주신 경북대학교 인문대학과 역락출판사 이대현사장님께 감사드리며, 꼼꼼하게 편집해주신 이태곤, 이경진 선생님에게도 이 자리를 빌어 감사의 말씀을 드린다.

목차

그림목록

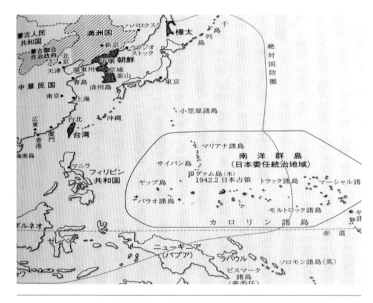

그림 1 | 1940년대 일제의 세력권과 한반도 병참기지

1936년 경 대구부청 사진
출처: 대구근대역사관

1930년대 대구일대
출처: 대구근대역사관

돌격훈련을 받고 있는 대구의학전문학교 학생들
출처: 경북대학교 기록관

충혼탑에 강제인솔된 대구의학전문학교 학도총력대
경북대학교 의과대학 소장

들어가며

세계정세는 너무나 바쁘게 돌아가고 있다. 제4차 산업혁명 시대로 접어들어, 우주와 지구상에 일어나는 일들을 실시간으로 바로 핸드폰에서 알 수 있는 시대가 되었다.

그런데 해방이 되고 80년이 다 되어가는데, 아직도 당사자인 한국과 북한, 그리고 일본은 식민지 지배에 대한 배상 문제만을 놓고 한 테이블에서 본격적으로 이야기를 해 본 적이 없다. 왜 그럴까. 미·소의 냉전, 남·북분단, 한국전쟁 등 여러가지 이유가 있지만, 가장 큰 원인은 당시의 국제법에서 일본의 식민지 지배에 대한 문제를 '배상문제'로 다루지 않았기 때문이다. 오히려 식민지 치하에서 어쩔 수 없이 복무하였던 한국인 군인과 군속들이 극동국제군사재판(Military Tribuna)에 의해 처벌당해야만 했다. 일본 패전 직후, 연합군총사령부(SCAP, GHQ)는 전쟁범죄를 다루었지만 일본의 한국 식민지 지배 문제를 전쟁범죄라는 차원에서 재판하지는 않았다. 또한 1952년 샌프란시스코 강화조약에서도 일본에게 식민지 영토를 포기하는 각서를 받았는데, 회담에는 한국을 초대하지도 않았으며, 일본의 한국에 대한 식민지 지배 문제를 논하지도 않았다.

이렇듯, 국제조약은 한국과 같이 식민지를 겪은 후 자립한 정부를 고려하지도 배려하지도 않은 조약이었다. 아시아태평양전쟁에서 중국과 일본, 미영연합군과 일본의 전쟁이 치뤄지는 가운데, 한국인들은 강제로 전쟁에 참여하였기 때문에 한국인의 입장에서 보면 일본의 식민지 지배문제를 전쟁범죄의 범주에 넣어 다루는 것이 타당하다고 생각된다.

그런데 식민지 지배 문제는 한국과 일본간의 경제협력자금으로 다루고 있는 것이 현실이다. 최근 문제가 되고 있던 강제동원 공탁금 문제도 1965년 한일간에 체결된 경제협력자금과 관련하여 일본에 강제동원된 한국인 노무자들을 대상으로 한 것이다. 가장 많고 중심적으로 동원하였던 국내 노무동원은 논의 대상조차 되지 못하였으며, 완전 무상으로 진행된 학생 강제 동원 부분은 언급조차 되지 않고 있다.

왜 지금 와서 일제의 식민지 지배와 학생 강제 동원을 말하는가. 그것은 식민지를 겪은 일이 전쟁범죄의 하나로서 국제적으로 재판도 배상도 받지 못하였기 때문이다. 1965년 일본정부는 한국정부와 한일협정을 맺고 경제협력자금을 지원하였다. 그리고 한국인들에 대한 강제동원 배상을 '최종적으로 완전히 처리했다'고 주장하고 있다.

일제의 전쟁과 학생 강제동원

하지만 일본이 한반도를 침공한 후 저지른 '전쟁범죄'에 대해서는 한번도 국제법으로 재판된 적이 없다. 그것은 남한도 북한도 마찬가지이다. 식민지 지배를 통해 일제는 수 많은 사람들이 자신이 살고 싶은 곳에서 살 수 없도록 하고 난민을 만들었으며, 수 많은 독립운동가들을 형무소에 가두고 살상하였다. 또한 일반인들과 학생까지 군인과 군속으로 동원하였으며, 어리고 젊은 여성들을 군인들의 성노예로 전락시켰다. 이 와중에 수 많은 사람들이 죽임을 당하고 상처를 입었으며, 생을 다할 때까지 숱한 트라우마 속에서 아픔을 겪어야 했다.

그리고 한국인의 정체성을 파괴하기 위하여 창씨개명 정책을 취하였다. 김씨가 가네무라(金村)가 되어야 했고, 이 정책에 반대하던 분은 살고 있던 마을을 떠나기도 하였고, 어떤 사람들은 반항의 의미로 성을 오시리(엉덩이)로 바꾸기도 하였다. 학생들은 성을 바꾸지 않으면 선생님께 추궁을 당하였다. 이로 인해 당시를 살아가야했던 우리네 할아버지 할머니들의 가정은 파탄되었고, 문중이 단절되는 등 그야말로 가족의 역사가 왜곡되고 끊어지는 아픔을 겪었다.

가장 심각했던 것은 세뇌교육이었다. 이른바 '황민화교육'으로 내선일체(內鮮一体)를 한다는 명목으로 학생들의 일상을 파괴한 것이다. 만주사변 이후 학생들에 대한 세뇌교육과 강제 동원 정책이 심해져, 모든 것은 히로히토 일왕을 위하여 '신민'으로서 자신의 몸을 바치도록 교육을 받았다. 학생들은 자신의 아버지와 삼촌 등이 독립운동을 하면 경찰에 신고하도록 교육을 받았다. 그리고 방학동안 하던 근로를 점차 조선교육령을 통해 1개월, 6개월, 10개월로 늘려나갔으며, 급기야 수업을 전폐하고 군수공장, 도로, 땅굴을 만들었고, 항공기지에서 일을 시켰다. 당국과 학교에서는 '근로가 곧 교육'이라는 말로 일제의 강제 동원을 은폐하였다.

이렇게 일제는 전쟁 과정에서 식민지인을 강제로 동원하고 수많은 독립운동가들을 살상하였다. 그런데 왜 일제가 전쟁 과정에서 식민지에서 자행한 악행에 대하여 국제범죄행위를 다루는 재판소에서 재판하지 않는가. 그리고 상처를 준 한국인들에게 일본 정부는 진심어린 사죄를 하지 않았는가. 오히려 이러한 전쟁의 흑역사를 자국 국민들에게도 가르치지 않고 덮으려 하는가.

이러한 뻔뻔하고 불합리한 태도는 프랑스가 식민지 알제리의 피해자들에게 사죄를 하고 상처를 치유하려고 하는 방향과는 상반된다. 2021년 프랑스 마크롱 대통령은 늦었지만, 프랑스군이 알제리전쟁(1954~1962년) 중 독립운동가이자 변호사였던 알리 부멘젤을 체포해 고문한 뒤, 1957년 3월 23일 그를 살해한 것이 사실이라고 밝혔다. 또한 대통령이 그 후손을 만나 "프랑스의 이름으로" 이런 사실을 인정했다. 그는 "역사를 직시하고 사실을 인정한다고 해서 아물지 않은 상처가 모두 치유될 수는 없겠지만 미래를 향한 길을 열 수는 있을 것"이라고 말했다.

이렇듯, 식민지에서 행한 악행에 대한 사실 인정은 제국주의 정부가 마땅히 취해 할 태도라고 생각되며, 관련 제국들은 식민지 지배를 당한 당사자들에게 사죄하고, 향후 그들의 아픔을 치유하는 정책을 취해야 할 것이다. 하지만 일본정부는 지금까지도 한국인 피해자들을 기만하고 사실을 은폐하는 행동들을 스스럼없이 계속하고 있다.

식민지 배상 문제에서 빠진 문제 중에서 가장 비인간적인 행위는 학생 강제 동원이다. 그들은 초등학생부터 대학생까지 노예처럼 부려먹었다. 한창 성장하고 공부할 나이의 18세 미만 학생들에게 강제 동원한 일은 국제노동기구(ILO : International Labor Organization: 이하 ILO)의 학생 강제 노동 동원 금지 조항을 위반한 것이다. 일본은 1932년 이 국제협약에 조인하였으면서도 중일전쟁을 시작하면서 바로 위반하고 학생들을 강제로 동원하였던 것이다. 이로 인해 연세가 드신 할아버지·할머니들은 지금도 당시 학교 생활의 기억을 떠올리면 가슴이 아픈 트라우마를 가지고 있다. 바로 이것이 이 글을 쓰게 된 직접적인 배경이다.

얼마 전 일제시기 학생 강제 동원에 대하여 조사하고 있던 중, 대구에서 초등학교를 다닌 할아버지의 증언을 들은 적이 있다. "학교에 가면 황국 신민 서사를 외우라 하고, 대구신사에 데려가 참배하고, 주변 청소를 시켰다. 그리고 군대(육군보병제80연대)까지 데리고 가서 돼지먹이 주기와 청소를 강요하였다. 억지로 시킨 일이라 하기 싫었는데 열심히 안한다고 야단도 맞고 벌점도 받았다." 이렇게 말씀하시고 "일본 놈들에게 당한 생각을 하면 아직도 마음이 아린다"고 하셨다. 또한 일제 치하에서 3형제가 풀죽을 나누어 먹고 배가 너무 고파 물로 배를 채우던 그 시절이 고달픈 기억으로 남아 있었다.

인터뷰를 끝내고 정리하면서, '전쟁은 일본이 했는데, 왜 우리나라 사람들이 이렇게 슬픔과 분노를 안고 살아야 했는가. 일본은 왜 전쟁에 이런 어린 학생들까지 동원했는가. 왜 이러한 역사들이 묻히고 말았는가.' 등등 많은 생각들이 교차하였다.

현재 일본정부는 "식민지 배상문제는 끝났다. '종군위안부'와 노무자를 동원할 때 강제하지 않았다"고 주장함으로써 진실을 은폐하고 있다. 조선총독부 지시사항을 담고있는 '관보'에도 '이런저런 처지 상관하지 말고 강제로 동원하라'고 명시되어 있는데도 불구하고 사실을 부정하고 있다.

어르신들의 증언과 당시의 사료를 보면, 강제동원은 명확하다. 일제는 학생들에게 학교 교육을 통해 식민주의 사상을 주입하였고, 당시 학도근로동원본부는 '근로봉사'라는 미명하에, 식량증산이라 하여 호박심기, 모심기를 학생들에게 시켰고, 그들을 수류탄 만들기, 비행장 참호 만들기에 동원하였다. 교육은 국가와 사회의 백년지계로서 학교는 사람을 살리기 위한 인격을 단련하고, 학생들이 자신이 가장 좋아하고 잘하는 일이 무엇이며, 사회에 나갔을 때 일할 자양분을 공급하는 곳이다. 그런데 학생들은 일본이 중국과 미국과 전쟁하는 중에, 그들 전쟁의 소모품으로 전락되었고, 부지불식간에 자신의 노동을 일본의 전쟁을 위해 쓰도록 강요당했다. 이러한 기억들은 일제가 물러난 뒤에도 말을 못하고 그대로 묻어두어 트라우마가 되어 응어리로 남게 되었다고 한다.

한국은 지정학적 요건 때문에 19세기 중반부터 서양 열강과 일본 제국주의 전쟁의 소용돌이에 휘말려 식민지가 되었으며, 일제가 중일전쟁, 태평양전쟁을 하는 가운데 그들의 병참기지로 활용되었다. 이에 따라 한인 연 780만 명과 연 100만 명으로 추산되는 학생들이 강제 동원되었으며, 이들은 제국과 식민지의 전시 시스템 가장 밑바닥에서 희생을 강요당하였다. 이러한 시스템에 의해 역동적인 근대를 만들어 갈 한국인들의 삶은 크게 왜곡되게 되었으며, 미래의 비전을 바라보면서 사는 삶은 상상도 할 수 없게 되었다.

현재도 미국과 중국의 대결과 러시아와 일본의 국제 정치 속에서 한반도에는 전쟁의 위험이 도사리고 있다. 몇 년 전부터 일본은 독도를 자기 영토라고 주장하고 있고, 이번에는 교과서에도 고유영토라면서 사실을 왜곡하고 있으며, 국제적으로도 적극적으로 알리고 있다. 챗 GPT에게 독도는 누구 땅이냐라고 물으면, '독도는 한국과 일본 사이에서 영유권 분쟁이 있는 섬입니다.' 라고 하고 있다. 엄연히 한국의 영토로 70년 이상 관리되고 있던 것을 국제 문제화 하고 있는 것이 현실이다. 또한 현재 한·일 정부의 강제 동원 문제는 국외에 징용당한 사람들 위주로 다루고 있으며, 한반도 내에서 벌어진 강제 동원은 논외로 하고 있다. 학생 강제 동원은 배상도 보상도 아예 언급조차 없다.

이 글은 학생 강제 동원을 식민지 배상 문제의 하나로서 재고해야한다는 입장에 서 있다. 이러한 시각에서 일본과 서구 제국주의 국가들이 식민지 쟁탈 전쟁을 하는 속에서 약소국 식민지의 학생들이 어떻게 희생되고 인권을 유린당해왔는지에 대한 실상을 생생하게 전달하려고 한다. 특히 일본 정부가 1932년 ILO(국제노동기구) 국제법 제11조 학생 근로 동원 금지 조약을 위반한 사실을 발굴하여, 식민지 배상을 위한 새로운 증거로서 제시하고자 한다.

이를 통해 대일항쟁기피해자지원법에서 학생 강제 동원 항목을 넣을 수 있는 실증 자료를 제시할 수 있도록 한다. 아울러 우리들의 생명이 강대국들의 전쟁과 얼마나 밀접하게 연관되어 있는지 생각해 보는 계기가 될 수도 있을 것이다.

이 책에서는 학생 강제 동원 문제를 대구·경북권역 중심으로 풀어나가려고 한다. 그것은 영·미 연합군 참전 이후 일본 본토가 위험하게 되어, 한반도 남부지역에 해양기지와 항공기지를 많이 만들었기 때문이다. 대구는 한강 이남에서는 가장 큰 육군의 주요 군사 거점이었고, 많은 사람들이 강제동원된 지역이기 때문이다.

당시를 살았던 많은 분들은 이미 돌아가셨고, 얼마 남지 않았다. '역사를 잊은 민족에게 미래는 없다'고 한다. 누군가 밝히고 싶지 않고 어두운 역사일수록 기록을 남기는 것은 참으로 힘든 작업이라고 할 수 있다. 이 할아버지 할머니들이 돌아가시면 영원히 묻혀버릴 수 있는 이야기들을 이제 시작하려고 한다. 이 이야기들

에 귀를 기울이는 것은 오늘날 우리들의 현실 문제이며, 우리들의
미래를 준비하는 시작점이 될 것이다.

이 책에서 다루고 있는 내용은 다음과 같다.

• 제국주의 전쟁과정에서 일본이 어떻게 한반도에 식민지 희
생시스템을 만들었는지 살펴보고, 오늘날 왜 학생 강제 동원 문제
를 제기하는지, 일본이 언제부터 전쟁을 준비하고 시작하였는지
에 대하여 서술하고 있다. 야마구치현(山口県)의 하기(萩)라는 작은
마을에서 탄생한 죠슈벌이 어떻게 권력을 잡아나갔는지에 대한
과정과 일본의 제국주의 대륙 침략 과정에 대하여 다루고 있다.

• 미국의 대공황 이후 일본이 만주사변과 중일전쟁을 시작하
고, 진주만을 습격하여 아시아·태평양전쟁으로 확전되는 과정에
대하여 이야기한다. 그리고 한반도가 병참기지로 개발되고 일본
의 '생명선'으로 변화되는 과정을 구체적으로 설명한다.

• ILO 국제노동기구총회에서 157개 국가가 비준한 강제 노동
금지 조항이 무엇인지 설명하고, 일본이 국제법을 어긴 실태를 대
구·경북권 학생 강제 동원에 대한 개요를 검토하였다.

• 대구의 시가지계획의 군사성에 대하여 살펴보았다. 1916년
도부터 만들어진 육군보병제80연대(이하 육군0연대로 약칭) 1943
년도부터 재편성된 경북방위군제24부대, 1945년 4월 이후 편성
된 대구사관구의 전쟁시설에 대하여 살펴보았다. 그리고 동촌 대
구항공기지 도로 및 확장공사, 대구 가창 달성광산, 대구지역 군

수물자 동원 기업들에 대하여 검토하였다.

　• 국가총동원령과 조선교육령에서 학생들을 강제 동원할 수 있도록 각종 조치를 해나가고 군대에서 학교를 동원하여 학도 동원 체제를 만들어 내는 과정에 대하여 밝히고 있다. 그리고 그 국제법적 불법 실태에 대하여 대구 소재 학생들을 사례로 소개하고 있다.

　이를 통해 일본이 자신들의 전쟁 과정에서 어떻게 식민지 학생들을 희생시켰는지에 대하여 생생하게 드러내고자 한다. 국가든 개인이든 부끄러운 과거를 진심으로 반성하는 것은 새로운 미래를 위한 출발점이 될 것이기 때문이다.

　　　　　　　　일제의 전쟁과 학생 강제동원

제1부

제국의 식민지 쟁탈전과
약소국의 운명

1장
제국의 전쟁과 식민지 학생 희생시스템

1. 일제의 식민지 희생시스템

1897년부터 1910년까지 존재했던 대한제국. 그 이름은 1910
년 8월 29일부터 세계 역사 속에서 지워졌다. '그날' 일본 정부는
대한제국을 식민지로 만들고 조선으로 개칭하였기 때문이다. 한
반도에는 일본인이 조선총독부와 조선주차군(1918년부터 조선군사
령부)를 배치하여 무단지배체제를 만들었으며, 한국인 위에 군림
하였다. 일제는 제1차 세계대전에 참전하여 승전국이 되어 배상
금을 받았고, 그 자금을 식민지에 투자하려고 하였다. 하지만 일
제의 무단 정책은 1919년 3·1 운동으로 전 한국인의 반대에 부딪
혔다. 한국인들의 저항은 죠슈벌(長州閥)이면서 육군 출신인 하세
가와 요시미치(長谷川好道) 총독 체제를 무너뜨렸다.

하라 다카시(原敬) 내각은 식민지 조선에 해군의 실력자 사이
토 마코토(齋藤實)를 배치하였다. 그리고 통치방식을 이른바 '문화

정치'로 전환하였다. 그들은 일부 한국인 지역 유지들을 포섭하여 식민지 권력을 돈독하게 하려는 정책으로 바꾸었다.

그런데, 1929년 말 미국에서 시작된 대공황은 전 세계의 경제 상황을 뒤흔들었다. 일본도 예외가 아니었다. 특히 세계 최대 무역량을 자랑하던 면방직 제품들을 미국 세력권으로 수출하는 것이 금지되었고, 모든 산업의 기반이 되는 석유 조차 수입을 할 수 없게 되자 일본 경제는 나락으로 빠져들게 되었다.

이때 일본제국정부·군부와 독점자본가들은 만주, 중국 대륙과 동남아시아로 침공하여, 중국 일대 상하이(上海), 난징(南京) 등에서 제품도 팔고 인도네시아에서 석유도 확보하려고 하였다.

이때, 일제는 한반도를 자국의 '생명선'으로서 대륙병참기지로 만들려고 하였다. 중일전쟁을 위해 북부공업지구를 먼저 만들기 시작했으며, 태평양전쟁을 위하여 경인공업지구, 남부공업지구를 조성하려고 하였다. 이를 위해 1934년 조선시가지계획령을 발효하였으며, 나진과 평양, 서울·인천·부산·대구 등에 시가지계획을 실시하였다. 하지만 전쟁이 계속될수록 당초 계획했던 그대로 추진할 수는 없었으며, 군사지구 위주로 공사를 실시하는데 그쳤다.

'그들의 전쟁' 속에서 한국인들은 일본군 병사가 되어 중국 군인들과 싸웠고, 태평양전쟁 때는 미국 군인들과 싸웠다. 군속으로 간 사람들은 최전선에서 일본인 대신 포로들을 감시하기도 하였다. 군속들은 일본군의 상부 명령에 따라 포로들을 구타하는 반인

일제의 전쟁과 학생 강제동원

권적 행위를 자행하기도 하였다. 이러한 연유로 미국인이나 호주 인들은 한국인을 일본군으로 생각하였기 때문에, 한국인 군속들은 나중에 전쟁범죄를 다룰 때 재판을 받아 사형을 당하기도 하였고, 스가모 형무소에서 형을 살았던 사람도 상당수 있다.

젊고 어린 여성들은 성노예로 끌려갔고, 학생들은 강제 동원되어 근로 노예로 무참한 생활 속으로 빠져들었다. '그들의 전쟁' 동안 교육은 이른바 '황민화'라고 하여 오직 일왕(天皇)에 충성하고 봉사해야 한다는 의식을 심는 것에 집중하였고, '근로는 곧 교육'이라는 미명하에 학생들은 피눈물 나는 아픔과 슬픔, 설움을 이겨내야 했고 끓어오르는 노여움을 견뎌내야만 했다. 이에 반항하는 학생들은 공사장에서 탈출하고, 사상조직을 만들고, 선생들에게 소소하게 저항하면서 일제 치하를 버텼다. 불과 7, 80년 전 우리 할아버지, 할머니들이 겪은 일이다.

한편 한국인들은 끈질기게 일제의 식민 지배에 저항하였으며, 자신의 고향을 떠나 중국이나 미국, 러시아 등으로 가서 독립운동을 지속하였다. 한국인들은 중국에서 무장독립투쟁을 위한 기지와 학교를 만들었고, 항공교육을 받고, 광복군 등 독립전쟁 단체를 만들어 일본군에 타격을 가하였다. 미국에서는 군자금을 모아 중국에 있던 임시정부로 보급하였으며, 일본에서도 한·중·일의 지식인들이 모여 독립운동을 벌이기도 하였다.

그런데 일본군이 1941년 12월 진주만을 공습하면서 전쟁의 판도는 크게 바뀌었다. 미국의 참전으로 전쟁이 태평양전쟁으로 확대된 것이다. 미국 정부는 대 일본전을 위해 영국, 프랑스 등과 연합군을 형성하였다. 1942년 6월 13일, 미국은 CIA의 원형이 된 전략사무국(Office of Strategic Services, 이하 OSS)을 만들어 대일 전략을 수립하였으며, 한국 임시정부도 OSS와 협력하여 대일 항전을 지속하였다.

미국의 트루먼 정부는 전쟁을 끝내기 위하여 오펜하이머 연구진이 개발한 사상 초유의 핵무기를 사용하려고 결정하였다. 1945년 8월 6일과 9일, 미국은 가공할만한 위력을 가진 원자폭탄을 히로시마와 나가사키에 투하하였다. '리틀보이(Little Boy)'와 '팻맨(Fat Man)'이라고 불린 핵폭탄은 두 도시를 완전히 파괴하였으며, 수많은 사상자가 발생하였다. 이 곳에 강제 동원되거나 일하러 간 수많은 한국인들도 원폭피해자가 되었다. 한국인 피해자가 7만 명이라고도 하고 10만 명이라고 하는데, 한국과 일본, 미국, 어느 정부도 아직도 공식적으로 진상조사 조차하지 않고 있다. 8월 15일 히로히토 일왕은 미영 연합군에게 항복하는 조서를 발표하였다.

그해 9월에 미국과 영국 중심의 연합국은 도쿄에 연합군 최고사령부(Supreme Commander for the Allied Powers : SCAP/General Headquarters: 이하 GHQ)를 설치하였고, 극동지역 지배체제를 구축하였다. GHQ는 아시아와 태평양 제도(諸島)의 일본령 식민지와 그 세력권을 지배하기 위한 체제를 구축하였다. 맥아더 총사령관이 이끄는 GHQ는 일본 본토는 물론 한국, 타이완, 미크로네시아, 필리핀, 인도네시아, 말레이시아, 싱가포르 등 일본의 식민지와 그 세력권에 있던 영토를 점령하였다. 주목되는 것은 일본 본토와 한반도의 분할 관리 체제였다.

강대국들은 독일을 전범국으로서 그 힘을 분산시키기 위하여 동·서독으로 분단하였다. GHQ는 일본도 전범국이기 때문에 본토를 남북으로 분단시키려고 하였고, 미국이 일본의 시고쿠(四國) 이북 지방을 관리하고, 영국이 시고쿠 이남 지역을 관리하는 체제를 만들었다. 그리고 일본의 식민지였던 한반도를 남북으로 분단하여, 각각 미국과 소련의 군정이 지배하는 체제를 구축하였다.

일본이 패전한 후, 도쿄에서는 전쟁범죄 재판이 한동안 진행되었다. 도조 히데키(東條英機) 수상을 비롯하여 식민지를 지배하던 총독 미나미 지로(南 次郎), 고이소 구니아키(小磯 國昭) 등이 A급 전범으로, 포로수용소의 군속들이 B, C급 전범으로 기소되었다. 전쟁을 최종 승인한 일왕은 미국과의 정치적 타결로 전범 명단에서 제외되었고, 도조를 비롯한 A급 전범 8명이 사형당하는 것으로 일단락되었다.

식민지 지배와 배상 문제에 대해서는 아무런 조치가 없었으며, 총독 미나미와 고이소는 모두 석방되었다. 그런데 B, C급 전범 중에는 일선에서 근무하던 한국인들도 다수 있었는데, 이들은 형을 살고 사형까지 당하기도 하였다. 이러한 부조리에 대해서도 일본 정부와 한국 정부는 아무런 조치도 하지 않고 있다.

한편 GHQ체제 하에서는 전쟁을 일으킨 전범국 일본보다 식민지 지배를 당했던 한반도에 더욱 정치적으로 불리한 상황이 전개되었다. GHQ는 한반도의 남과 북에 각각 미·소 군정을 설치하였고, 이른바 신탁통치를 실시하였다. GHQ는 전범국인 독일이 동서로 분단된 바와 같이, 일본도 남북으로 분단해야 한다는 의견이 나오는 가운데 한반도에 변수가 발생하였다.

1948년 8월과 9월에 한반도에는 대한민국과 조선민주주의인민공화국이 각각 수립된 것이다. 그로부터 2년 후 1950년 6월 25일부터 한 민족이 전쟁을 치르고 있을 때, 세계 열강들은 샌프란시스코에 모여 일본이 가지고 있던 식민지와 점령지 영토를 포기하는 조약을 맺었다. 한국전쟁 중인 1952년의 일이다. 이 조약에서 일본의 한국 식민지 지배에 대한 배상 문제는 다뤄지지 않았다.

그리고 1953년 휴전을 맺고 남·북한은 인프라가 거의 파괴된 상태에서 각각 미국과 소련의 영향권 아래로 들어가게 되었다. 열강들에게 식민지와 한국전쟁으로 인한 한국인의 죽음과 아픔과 서러움, 노여움 따위는 관심의 대상이 아니었다.

이 샌프란시스코 조약에서 한국인 식민지 배상 문제를 처리하지 않았기 때문에 지금까지도 강제동원 문제나 독도 영토 문제 등이 한반도에 그대로 잔존하고 있는 것이다. 이러한 열강들의 횡포는 바로 신식민지주의적 의식의 발현이라고 할 수 있을 것이다.

식민지주의는 오늘날에도 다양하게 나타나고 있다. 해방이 되고 독립이 되고 국가가 만들어져도 강대국들은 군사적·경제적으로 종속적 지배 체제를 유지하려고 하고 있다. 이제는 영토 전부를 지배하는 것이 아닌 경제나 군사적인 측면에서 자국 이익을 앞세우고 있으니, 대등한 관계를 유지하기는 더욱 힘든 상태이다. 한반도는 여전히 미국, 중국, 러시아, 일본의 영향력이 매우 큰 상태이다. 특히 군사적인 측면은 전시 작전 통제권을 미국이 가지고 있기 때문에 더욱 대등한 관계는 어려운 상태이다.

미국은 일본의 오키나와(沖繩)를 미·일 안보체제 속에서 구조적으로 차별하고 있으며, 한국의 제주도 강정마을이나 사드배치를 한 경북의 성주 등은 한·미·일 안보체제 속에서 군사적·경제적으로 커다란 차별을 받고 있다고 할 수 있다. 물론 보기에 따라서 무기를 배치하는 것이 이익이 아니냐고 할 수도 있다. 하지만 상대국인 중국이나 북한의 입장에서 보면 이 지역들은 전술적 타켓의 대상이 되기 때문에 생명을 중심으로 보면 절대적으로 국가적 이익이라고만 볼 수 없는 저간의 사정이 있는 것이다.

바로 이러한 지역 차별 구조가 신식민지주의 속에서 나타나는 종속적 희생시스템이다. 다카하시 데쓰야(高橋哲哉) 교수는 2011년 쓰나미가 마을을 덮친 이후 후쿠시마 원자력의 참상을 보면서 이 지역이 일본의 국체를 지키기 위한 희생 시스템 속에 있지 않느냐 라고 질문을 던졌다. 또한 미·일 안보체제 속에서 오키나와가 구조적 차별을 받고 있고, 이것은 희생 속에 은폐되어 있다고 지적하였다.

한국에서 식민지주의와 희생시스템은 그 역사적 연원이 깊다. 이미 일제강점기부터 일본 본토를 지키기 위하여 식민지를 희생하는 시스템이 구조적으로 갖추어져 왔다. 일본 정부는 자국의 세력권을 확장하기 위하여, 한국과 타이완, 가라후토(樺太, 남사할린) 등을 식민지로서 희생시스템 속에 포함하였다.

그 가운데에서도 일본정부는 한반도와 대한해협을 자국의 '생명선'으로 간주해 왔다. 이러한 역사적 사실은 러일전쟁시기에 야마가타 아리토모(山縣有朋) 수상이 '왜 러시아가 한반도에 들어올 때 조선으로 가서 러시아와 전쟁을 해야 하는가' 라는 이유를 정치인들에게 설득할 때 늘 해왔던 말이다.

더욱이 한국을 강제 병합한 이후, 일본국은 조선의 식민지 지배체제를 구축해 놓고, 이제 중국을 침략하기 위한 발판으로 한반도를 대륙병참기지로 삼았다. 나아가 진주만을 공습하여 미국이 전쟁에 참전한 이후에는, 3.8선 이북으로는 소련과 대적하기 위한 전진병참기지로 만들고, 3.8선 이남으로는 미국과 대적하기 위한 후방병참기지를 만들었던 것이다. 이러한 양대 체제는 일본 본토에서 벌어지는 전쟁을 최대한 막고 한반도와 오키나와를 최후 보루로 이곳에서 결전을 벌일 준비를 한 것이었다. 이렇게 일본정부는 식민지 한국을 자국 전쟁의 최전선 희생시스템 속으로 몰아넣었다.

2. 왜 지금 학생 강제 동원을 말하는가

이렇게 일본이 식민지 지배를 통해 한국인에게 준 크나큰 상처와 아픔들은 강대국들과 국가 간 정치적 타협으로 인해 은폐되고 묻혀버렸다. 이 가운데 전공을 하고 있는 몇몇 연구자 이외에는 그때의 학생 강제 동원에 대해서 관심을 가진 사람은 별로 없다.

그렇다면 지금 와서 왜 학생 강제 동원을 거론하는가. 가장 큰 이유는 식민지 배상으로 다루어져야 할 '강제 동원 문제'를 한·일 간 내지 한·미·일간 정치적 타협으로 덮으려고 하고 있기 때문이다. 또한 학생 강제 동원은 1965년 한·일 협정에서도 거론된 바도 없기 때문에 향후 북일 수교나 남북통일 등 한반도 상황이 변동할 경우 외교 테이블에 올려져야 할 것이기 때문이다.

학생들은 1938년부터 1945년까지 국가총동원령과 조선교육령의 개정을 통해 학도근로동원본부, 학교총력대, 군대를 통해 조직적으로 근로 행위를 강요받았다.

그런데 여기서 주목해야 할 것은 일본이 학생 강제 동원을 하기 6년 전에 ILO의 학생 근로 금지 조항에 조인했다는 사실이다. 일본이 학생들을 강제 동원하기 전인 1932년에 일본을 포함하여 157개국이 ILO 국제법 제11조에 '18세 미만 학생들에게 강제 근로를 금지'하는 조항을 비준하였다. 하지만 일본 정부와 조선총독부는 국제법을 위반하고 식민지 학생들을 조직적이고 광범위하게 동원하였던 것이다. 특히 전쟁 말기인 1944년 4월부터는 수업을 아예 근로 동원으로 대체하며, 학생들을 비행장 공사, 도로 공사, 수류탄 제조 등에 동원하였다.

또 하나 간과해서 안 되는 것은 일본 정부가 식민지인에 대한 인권에 관한 범죄를 저질렀다는 점이다. 일본 패전 후에 열린 극동전쟁범죄재판에서도 '인권에 관한 죄'를 상정하고 있다. 이 재판에서는 일본군에 대한 인권에 관한 죄를 재판하고 있지만, 일제의 식민지 학생들에 대한 인권의 죄 또한 재판했어야 했다. 학생들은 학령기 아동들로서 공부에 집중해야 할 아이들이었으며, 성장기에 있어서 근로하기에도 적절하지 못하였다. 이렇게 학생들을 강제 동원한 것은 '인권에 관한 죄'에 해당한다는 점을 재고할 필요가 있다.

이렇듯, 학생 강제 동원 문제는 중층적인 억압구조와 인권 침해라는 측면에서 향후 강제 동원 분야에서 더욱 중요하게 필수적으로 다루어야 할 문제라고 할 수 있다. 더욱이 전쟁과 동원 문제는 전 세계의 보편적인 문제로서, 인권적인 차원에서 다루어야 할 필요가 있다.

아시아태평양전쟁기 학생 강제동원은 바로 일본이 자신들의 전쟁에 한반도를 생명선으로 활용하기 위한 것으로서, 한반도의 학생들을 동원하기 위한 것이었다.

강제 동원은 1938년 5월 쇼와(昭和) 일왕이 결재한 국가총동원법에 따라 조직적으로 전개되었고, 식민지에는 5월 15일자로 시행하라고 칙령을 내렸다. 그 과정에서 일반인 노동자들은 물론 공부하던 학생들까지 총동원하여 일을 시키는 작태를 서슴지 않았다는 점이다.

일본은 1931년 만주사변을 일으키면서부터 45년까지 15년 동안 전쟁을 하였고, 자신들의 전쟁을 치르기 위해 식민지 한국인들에게 노동력과 물자를 제공하게 하고, 오로지 '덴노(天皇)'를 위하여 뼈를 갈아 목숨을 다하여 충성하기를 바랐다. 이러한 희생시스템을 만들어 학생들까지 '근로동원'이라는 미명 하에 강제로 일을 시켰고, 1944년 4월부터는 초등학교 4학년 이상으로 동원하도록 규정해놓았다. 당시 신문을 보면, 사하국민학교 학생 등을 비롯하여 심지어 1학년 학생까지 동원하였다는 것을 알 수 있다.

제2차 세계대전 당시 독일에서는 유태인을 학살하고 강제 동원하여 노역을 시켰기 때문에 세계의 많은 사람으로부터 질타를 받았으며, 홀로코스트의 쓰리고 아픈 기억은 아직도 생생하게 전달되고 있다. 이에 반해 한국 학생들이 십여년 간 일상 속에서 불법 노동에 시달리고 노역으로 받은 아픈 상처에 대해서는 아무런 관심도 없이 잊혀지고 있다.

일본 정부는 부조리한 일, 불법적인 일을 저질러 놓고도 그 일을 은폐하고 부끄러워하지 않는다. 한국 정부도 정치적으로 보상을 받는 일에만 신경을 쓰고 이러한 근본적인 일에 대해서는 아무런 대책을 취하지 않고 있다. 이렇게 잊혀지는 것. 그것이 가장 슬프고 분노할만한 일이다.

그동안 아시아태평양전쟁기 한국인 강제동원 문제는 한·일 간의 주요 현안으로서 일본지역 탄광이나 광산 등에 대한 강제동원 실태조사와 연구는 상당히 추진되었고 알려졌다. 하지만 한반도 내 학생 근로동원 실태에 대해서는 서울, 대전, 인천, 부산, 대구와 같이 지역별로 연구되어왔지만, 정부차원에서 진상규명은 이루어지지 않았으며, 대중에게도 잘 알려져 있지 않다. 한반도 내의 강제 동원 문제와 학생 강제 동원문제는 한일회담 보상 문제에서도 제외되었다.

해방이 되고 80년이 다 되어간다. 왜 이제 와서 학생 강제 동원 문제를 거론하는가. 그것은 해방 이후 미국과 소련을 대표하는 냉전시대가 우리 선인들의 삶의 문제, 상처의 문제를 덮어 놓고 있기 때문이다.

일본이 항복한 이후, 극동국제군사재판소에서는 일본의 식민지 지배에 대한 배상문제를 다루지 않았다. 그리고 맥아더가 이끄는 연합군최고사령부(GHQ)의 승인 하에 일본정부는 한국인들이 일본에서 일한 품삯을 법원에 공탁하도록 지시하였다. OSS에서 독립운동가들이 함께 활동하기도 했지만, GHQ는 식민지를 혹독하게 겪은 한국인과 타이완인을 전범과 같이 취급하였다. BC급 전범들은 한국인 148명 타이완인 173명이다.

식민지 지배에 대한 배상 문제는 사라지고 일본에서 일한 노무자 보상 문제로 바뀌었다. 한국인들이 일한 대가로 받은 월급을 당사자에게 돌려주지 않고, 기업이 일본 법원에 공탁하여 노무자의 채무는 경제협력 자금으로 둔갑시켜버렸다. 결국 개인의 재산 반환 문제는 한·일간 정치적 문제로 변질되었기 때문이다. 최근까지 이 문제는 한국과 일본에서 심각한 정치문제가 되고 있으며, 북한과 일본은 수교조차 맺지 않은 채 막후 접촉이 이루어지

일제의 전쟁과 학생 강제동원

고 있다.

한발 물러서 보상 차원이라 하더라도 무슨 일이 있었는지에 대한 실태를 명확하게 밝히는 것이 선결 조건이라고 할 것이다. 강제 동원 문제는 한반도 내에서 벌어진 일에 대해서는 전반적으로 다루고 있지 않아, 실제로 무슨 일이 벌어졌는지에 대한 실상은 대부분 묻혀있다. 역사책에서는 어른들의 노무 동원에 대해서는 어느 정도 다루고 있지만 학생들의 강제 동원에 대해서는 거의 다루지도 않고 있다.

따라서 지금이라도 학생 강제 동원 문제에 대한 진상을 규명하고 이에 대한 대책을 세우는 것은 국내적으로는 역사를 바로 세우는 것이 될 것이고, 국제적으로는 한국인의 존엄성을 찾는 계기가 될 것이다. 또한 일본정부와 군대, 학교가 모두 일체가 되어 일상 속에서 학생들을 체계적으로 억압하고 짓누른 역사적 사실을 폭로하는 계기가 될 것이다. 이러한 작업을 통해 일본 정부로부터 진정한 사과와 보상을 받아야 할 것이며, 인터뷰에 응한 할아버지뿐만 아니라 식민지 치하를 견뎌낸 어르신들의 마음속에 응어리진 아픈 마음을 조금이나마 해소하게 되지 않을까 생각된다.

2장
일본의 제국화 과정과 외교전

1. 죠슈벌(長州閥)의 중앙 정권 장악

일본의 지도를 보면, 그 영토가 동북으로 홋카이도(北海道), 남서로 오키나와(沖繩)가 길게 늘어져 있다. 그런데 홋카이도와 오키나와는 원래 일본 땅이 아니라 아이누 원주민과 류큐 왕국(琉球國)의 땅이었다. 만약 1945년에 해방이 되지 않았다면, 한국인도 이들 처지처럼 되었을 것이다.

이렇게 일본국은 주변의 영토 홋카이도와 류큐를 복속시킴으로서 제국주의로 나아가는 기틀을 마련하였다. 이렇게 영토를 확장하게 된 것은 죠슈벌(長州閥)과 사쓰마벌(薩摩閥)이 메이지 정부의 권력을 잡았기에 가능한 것이라고 할 수 있을 것이다.

그 중에서도 최종 승리한 것은 죠슈벌 세력이다. 이 세력은 야마구치번(山口藩)과 하기번(萩藩)을 중심으로 형성된 족벌로서, 모리 데루모토(毛利 輝元)가 도쿠가와 막부(德川幕府)와 세키가하라 전

투(関ヶ原の戦)에서 패한 후, 1608년에 하기성을 축성하면서 만들어
지기 시작하였다. 이후 하기번은 1868년 메이지 정부를 세우기까
지 약 260년간 36만 석의 죠카마치(城下町)로 성장하였다. 당시 36
만 석은 약 36만 명을 먹여 살릴만한 농업생산력이라고 한다. 일본
의 유명한 소설가 시바 료타로(司馬 遼太郎)는 이 도시를 주 무대로
하여 에도 막부 말기 소설, 『세상에 사는 나날(世に棲む日日)』과 『화
신(花神)』을 썼다.

　모리가(毛家)는 중앙의 권력을 잡기 위한 기회를 기다리고 또
기다렸다고 한다. 그들이 가장 관심을 둔 것은 사상 교육과 무사
교육에 기반한 정치 인재를 양성하는 것이었다. 다른 한편 당시
한반도를 침공하기 위한 정한론(征韓論)을 거듭 내세웠다.

　먼저, 하야시 사이(林春斎 1618~1680)는 일본 신화를 이용하려고
하였다. 그는 신화에 나오는 스사노오노 미코토(建速須佐之男命) 신
이 한반도를 경략하였으며, 이 신이 '삼한(三韓)의 조상'이라고 주
장하였다. 또한 하기에서 메이지 유신을 주도한 인물들을 배출한
요시다 쇼인(吉田松陰)은 '서양 오랑캐(洋夷)가 일본을 넘보지 못하
게 하기 위해서는 시베리아에서 필리핀에 이르는 지역을 장악해
야 한다'고 하면서, '조선은 과거에 일본의 속국이었기 때문에 다
시 정복해야 한다'고 주장하였다. 그 외에도 많은 일본의 정치인
들은 한반도를 침략하여 정복해야 일본이 산다는 식의 주장을 펼
쳤다.

　그들의 이러한 주장은 결국 한반도를 공략하는 것으로 나타

났다. 요시다는 쇼가손주쿠(松下村塾)에서 교육을 하였는데, 이 문하 출신 중 대표적인 인물이 일본 초대 내각 총리를 지낸 이토 히로부미(伊藤博文)와 총리대신을 지낸 야마가타 아리토모(山縣有朋), 가쓰라 타로(桂 太郎), 데라우치 마사다케(寺內正毅), 다나카 기이치(田中義一) 등이다. 이 곳에서 내각 총리 5명과 육군대장이 많이 배출되었다. 이렇게 이곳은 죠슈벌의 대표적인 정치적 인재 양성지가 되었다.

그렇다면 당시 중국과 조선 등 아시아 국가들이 어려운 위기 상황에 있을 때, 일본은 어떻게 영토를 확장하고 제국이 될 수 있었는가. 그것은 발빠른 국제정치의 세력관계에 대한 인식과 신속한 국내외 조치에서 비롯되었다고 할 수 있다. 일본정부는 함대와 대포를 이끌고 개항을 요구한 미국 등 서양 세력들에게 대항하는 것이 불가항력이라고 생각했다. 그들은 국제관계를 이용하여 아시아에서의 일본의 역할을 부각시키려 하였고, 그것은 국제전에 유리하게 작용하였다.

그 경위를 살펴보면, 서양의 동점은 1842년 영국이 중국과 아편전쟁을 시작하면서 부각되기 시작하였다. 영국은 아편전쟁에서 승리하여, 중국과 불평등 조약을 맺었고, 이에 미국, 독일, 프랑스, 러시아 등도 앞다투어 불평등 조약을 체결하였다. 광활한 중국 땅은 마치 피자와 같이 서양 세력들의 이권 나누기의 대상이 되었다.

이후 일본 정부는 언젠가 서양 세력이 침공해 오리라고 염

일제의 전쟁과 학생 강제동원

려하고 있었는데, 1854년 미국이 개항을 요구하였다. 페리제독(Matthew Perry)은 대포와 함대를 이끌고, 요코하마(横浜)를 비롯하여 시모다(下田), 고베(神戸) 등 3개의 항구를 먼저 열라고 요구하였다. 서양 제국이 중국의 주요 도시를 차지하고, 미국이 함대와 대포를 쏘면서 개항을 요구하니, 일본의 막부정권과 당대 지식인들은 일본이 그들의 식민지로 전락할 수도 있을 것이라고 진단하였다. 일본은 위기에 빠졌다.

이때, 260년을 기다려 온 야마구치현 하기(萩)의 정치 세력들은 이제 자신들이 나서야 할 절호의 기회가 왔다고 생각하였다. 이들 집단은 국내적으로는 도쿠가와 막부를 무너뜨리고, 새로운 정부를 만들고자 하였다. 죠슈벌은 사쓰마벌과 연합하여 메이지 일왕을 내세웠고 메이지 정부(明治政府)를 세웠다. 그리고 최종적으로 죠슈벌은 사쓰마벌과 전투하여 승리함으로써, 메이지 정부의 권력을 죠슈벌이 완전히 장악하게 되었다. 한편 그들은 국내의 모순을 해외로 돌리고자 하였으며, 그것은 대륙 중국을 정벌하기 위한 발판으로 정한론(征韓論)을 주장하는 것으로 나타났다.

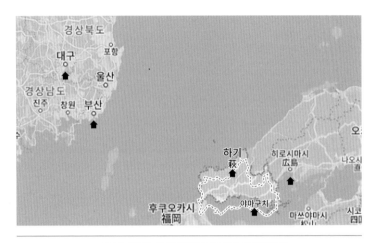

그림 2 | 메이지 정부를 장악한 하기(萩) 세력의 위치

지도에서 후쿠오카시와 히로시마시 사이에 있는 붉은 표시가 하기(萩) 죠카마치(城下町)가 있는 곳이다. 옛 수도 교토(京都)와도 떨어져 있으며, 도쿄(東京)와는 더욱 많이 떨어져 있다. 한국의 부산이 오히려 가까운 곳에 위치하고 있는 이 하기에서 권력을 잡기 위한 지난한 노력을 하고 있었다.

권력 형성의 중심에 모리가(森家)와 쇼카손 주쿠(松下村塾)가 있었다. 모리가는 현재의 규슈와 히로시마를 근거로 산요도(山陽道)·산인도(山陰道)에 있는 8개국을 영유하고 있었다. 하지만 세키가하라노 전쟁(関ヶ原の戦い)에 패하여 하기를 중심으로 2개국으로 축소되어 조용히 준비를 하고 있었다고 한다. 그들은 260년간 중앙으로의 진출을 고대하던 막부였다.

일제의 전쟁과 학생 강제동원

그리고 또 하나의 정계 진출의 중심은 쇼카손 주쿠로서, 이곳의 주도자는 요시다 쇼인(吉田 松陰, 1830.9.20.~1859.11.21.)이다. 그는 죠슈벌(長州閥) 무사이며 메이지 유신의 정신적 지도자이고 이론가로 알려져 있다. 그가 운영하던 쇼카손 주쿠는 메이지유신에 중요한 역할을 했던 많은 젊은이들에게 커다란 영향을 끼쳤다. 메이지 유신을 성공시킨 기도 다카요시, 요시다 토시마로, 이토 히로부미(伊藤 博文) 등이 이곳 출신이며, 이노우에 가오루 등 메이지 유신의 주인공들과 교류하여 중앙 권력을 잡았다. 이토 히로부미는 메이지 정부의 초대 내각 수상이며, 한국의 통감을 지낸 인물이다.

이후에도 죠슈벌은 데라우치 마사다케(寺內 正毅), 우가키 가즈시게(宇垣 一成) 등 수상을 5명이나 배출하였고, 대를 이어서 육군대장 등 수뇌부도 다수 배출하여 일본 근현대 정치의 핵심지가 되었다. 바로 이 집단이 260년을 기다려 메이지정부를 창출하여 권력을 잡았던 것이다. 그들이 권력을 잡은 밑바탕에는 많은 전쟁 속에서 피를 흘리고 죽어간 수많은 사람들의 희생이 있었다.

2. 메이지 정부의 주변국 침공과 제국의 길

1868년 죠슈벌(長州閥)은 사쓰마벌(薩摩閥)과 함께 메이지정부를 세웠다. 이후 사쓰마벌과의 전투를 통해 정권을 독점적으로 장악하였다. 그리고 바로 시작한 것이 주변국들을 복속시키는 것이었다. 류큐왕국, 홋카이도, 타이완, 조선 순으로 침공하였다.

가장 먼저 복속당한 곳은 류큐왕국(琉球王國)이다. 지금의 오키나와현이다. 이곳에는 3만 2천년전부터 인류가 살고있었다고 하나, 왕국이 설립된 것은 1429년으로, 1879년 일본정부에 흡수되기 전까지 독자적으로 나라를 운영하던 독립국이다. 일본 막부와 타이완, 조선, 동남아시아 등을 연계하는 해양 무역국으로 독특한 문화적 유산을 가지고 있어 주변국들에게도 영향을 미쳤다.

류큐인은 고대 조몬인으로서 눈이 크고 남방 계통으로 아이누족과 유전적으로 가깝다고 한다. 일본에 강제 병합되기 전 류큐왕국은 엄연히 독립국으로서, 명나라와 조선에도 조공을 바치거나 표류한 어민들을 송환하는 등 동아시아 외교에서도 어느 정도 비중이 있었던 왕국이다. 그런데 메이지유신 후인 1872년 일본정부가 류큐왕국을 '제1차 류큐 처분'이라고 하여 류큐번왕(琉球藩王)으로 만들었기에 류큐왕은 그 지역의 영주 비슷한 처지가 되었다. 또한 1879년에는 '제2차 류큐 처분'에 의해 오키나와현(沖繩縣)으로 되었으며, 류큐왕국은 완전히 끝이 났다. 마지막 왕인 쇼 타이(尚泰)는 일본 본토로 보내져서 일개 후작이 되었다.

그 다음 작업은 홋카이도(北海道)였다. 이 곳은 조상대대로 아이누족들이 살고 있던 곳이다. 일본 정부는 1872년부터 이른바 '개척사(開拓使)'를 파견하여 삿뽀로, 하코다테 등에 개척마을(開拓村)을 세웠으며, 일본인들을 이주시켜 식민 정책을 수행하였다.

일제의 전쟁과 학생 강제동원

홋카이도에 살고 있던 아이누족은 눈이 깊고 코가 오똑하며 쌍꺼풀도 짙어 본토 일본인과는 다른 종족이며, 7천 년 혹은 그 이상의 역사를 가지고 있었다. 그들은 일본인과는 다른 전통적 생활 양식을 지키고 살고 있었다. 하지만 일본은 막부 체제하에서 마쓰마에(松前)를 파견하였으며, 그 이후에도 이른바 개척이라는 이름으로 아이누족의 토지를 침탈하였다. 이러한 처분에 항쟁하다가 많은 아이누족 사람들이 죽었고 전염병이 퍼져 그 수가 급격하게 줄어들었다. 1886년에 일본정부는 개척사를 폐지하고, 홋카이도청을 설치하는 등 완전 식민지배 체제를 만들어 아이누족을 복속시켰다.

이렇게 류큐와 홋카이도 등 주변의 영토를 침공하는데 성공한 메이지 정부는 이제 한반도로 눈을 돌렸다. 먼저, 1872년에 부산포 왜관에 군대를 보내, 조선 정부와 독점무역을 하고 있던 소케(宗家)와 충복들을 쓰시마(對馬島)로 내쫓고 한반도 남단에 있는 부산포 왜관(倭館)을 정복하였다. 그리고 이곳에는 메이지 정부가 허가한 사람들을 이민하여 살게 하였다. 이와 함께 메이지 정부는 조선국왕에게 국서를 보내 정부 간 수교를 맺기를 바랐지만, 고종은 4년 동안 국서를 거부하면서 메이지 정권이 직접 조선 땅에 들어와 침략의 거점을 만드는 것을 견제하였다.

하지만, 이러한 조선왕조의 대응은 얼마가지 못하였다. 일본정부는 안으로 중앙집권화와 근대화를 단행하였고, 밖으로는 조선의 항구를 장악하여 제국화를 도모하려고 하였다. 일본정부는 홍선대원군이 권력에서 물러나자, 조선을 개항시킬 모략을 꾸민다. 1875년(고종 12년) 9월 일본 정부는 운요호(雲楊號)를 비롯하여 군함 5척을 강화도와 영종도 해안을 탐사하고 해로를 측량한다는 구실로 조선 연해에 와서 함포 시위를 하였다. 이에 조선군은 강하게 항전하였고, 결국 일본 해군은 물러갔다.

하지만 이 사건을 빌미로 일본정부는 조선정부에 개항을 요구하였고, 결국 고종은 할 수 없이 1876년 조일수호조규(朝日修好條規)를 맺었다. 이 조규에서 부산항에 일본인전관거류지를 만들어 살 수 있도록 승인하였던 것이다. 부산항에 일본인전관거류지를 만들도록 승인하였다. 이 조약은 조선이 맺은 최초의 국제적 조약으로서, 불평등 조약이었다.

이때부터 제물포(인천), 원산, 군산, 마산, 목포 등도 점차 개항하게 되었다. 또한 일본정부는 개항장뿐만아니라 서울과 평양 등에 개시장을 만들어 중국을 침략하는 교두보를 마련하기 시작하였다.

이렇게 일본이 조선을 개항시키자, 아시아에 식민지를 개척하려던 미국, 영국, 프랑스, 독일, 러시아, 벨기에 등 서양제국들도 잇따라 조선과 불평등조약을 맺었고, 관료와 기업가들은 앞 다투어 개항장에 당도하였다. 일본과 서양의 기업가들은 금광개발, 석탄개발, 철도부설, 토목공사 등 개항장과 주요 도시를 연결하는 인프라 자본에 투자하여 각종 이권을 가져갔다. 그로 인해 한국인들은 새로운 근대의 시작점에서, 제국주의자들에 이권을 빼앗기고 자신들의 권리를 지키지 못하였다.

일본내각과 일본군은 죠슈벌이 거의 장악하였다. 그들은 '자신들의 생명선을 지키기 위하여 계속 전쟁해야 한다'고 일본 국민들에게 선전하였다. 그렇게 자국의 민심을 돌리면서 1894년에는 청국과 전쟁을 벌였다. 이 전쟁도 동학농민전쟁을 진압하는 과정에서 벌어졌으므로 말은 청일전쟁이지만, 한반도의 평양, 황해, 전라도 등지에서 전투가 벌어졌다. 결국 일본은 청국을 이겨 승전국이 되었고, 청국으로부터 거액의 배상금을 받고, 타이완을 식민지로 만드는데 성공하였다. 류큐, 아이누에 이어 세 번째 정복이었다.

청국과의 싸움에서 막대한 이득을 챙긴 일본은 약자에게 강하고 강자에게 약한 정책을 추진하였다. 조선을 약자라고 생각한 일본은 명성왕후를 시해하였고(을미사변), 군대를 해산시켰으며, 고문제도를 활용하여 주요한 행정을 장악하였다. 일제는 공포감을 조성하는 한편, 일본인 위주의 시가지 거점 정책을 실시하였다. 이에 따라 일본은 조선에 일본군의 군사적 거점을 만드는데 올인하였다.

이러한 정책을 실시한 것은 당시 중국의 동북부 지역을 지배하고 있던 러시아와 결전하여 한반도를 강탈하려 하였기 때문이었다. 때마침 당시 강대국이던 영국과 미국이 러시아의 남하를 견제하고 있던 터라, 일본정부는 이러한 세력관계를 적극적으로 활용하고자 하였다. 절호의 찬스였다.

일본정부는 러시아와의 일전을 준비하기 위해 미국과 영국과는 비밀외교를 통해 협상하고, 대한제국과는 러시아를 칠 수 있는 군사기지를 진해만에 만들기 위해 협상하였다. 일본정부는 부산에 정착한 일본인 하자마 후사타로(迫間房太郎)를 활용하고 대한제국의 농상공부 장관 민영기에게 거금 2만 엔을 주고 진해와 마산 일대의 몇 개의 리에 해당하는 한국인 토지를 잠매하여 끝내 진해의 요충지에 군사기지를 만들었다. 당시 대한제국이 영국과 러시아와 맺은 조약에서는 거류지 10리 너머의 토지는 살 수 없도록 규정되어 있었으나, 일본정부는 트릭(trick)을 써서 국제조약을 어기면서 토지를 확보하였다. 이로 인해 일본 해군이 진해만기지 일대에서 발틱함대를 침몰시킬 수 있는 계기를 만들었으며, 이것은 일본군이 러시아군을 이기는 결정적인 요인이 되었다.

결국 국제법을 어기면서 만든 군사적 거점으로 인해 일본국은 국제 사회에서 승기를 잡을 수 있었다. 러일전쟁에서 승리한 일본 정부는 이제 동아시아에서 패권국이 되었고, 대한제국을 이른바 '보호국화'한다는 명목으로 종속국으로 전락시켰던 것이다. 이렇게 메이지 정부는 30년 동안 류큐왕국, 홋카이도, 타이완, 조선 등 주변 국가를 침공하여 제국으로 전환하는데 성공하였다. 그것은 영국과 미국을 위시한 열강들의 암묵적인 용인과 협력이 있었기 때문에 가능한 것이었다. 일본국은 제국화하는 과정에서, 식민지가 된 지역과 국가에 살던 사람들에게 피눈물나는 아픔과 분노를 안겨주었다. 안중근 의사가 목숨을 버리면서 지키려고 했던 동아시아의 평화공존은 물건너갔다.

3. 서구의 동아시아 침공과 외교전

그러면 일본은 당시 동아시아에서 가장 주도권을 행사하던 영국과 미국 등과 어떻게 외교전을 준비했는지 살펴보자.

19세기에 들어와 중국 중심의 동아시아 세계 질서는 1840년부터 3년간에 걸친 청과 영국의 아편전쟁(阿片戰爭: 1840~1942년) 이후 균열이 발생하였다. 이 전쟁으로 베이징(北京)이 함락되자, 청국은 서양 제국의 무력 앞에 무릎을 꿇고, 1860년 영국·프랑스와 북경조약(北京條約)을 체결하여 이른바 근대식 외교통상 관계에 편입되었다.

이러한 서구식 국제 질서의 변화에 일본은 가장 민감하게 반응하였다. 종래 도쿠가와 막부(德川幕府)는 쇄국정책을 고수하고 있었으나, 1853년 미국 해군 제독 페리(Matthew C. Perry)가 무력으로 개항을 요구하자, 이듬해 3월 말에 '화친 조약'을 맺었고, 요코하마항은 물론, 시모다항(下田港), 고베항(神戸港) 등 3대 항구를 개항하면서 미국과 불평등 조약을 맺었다. 그리고 1858년 6월 일본은 미·일 통상조약을 체결하였으며, 영국, 프랑스, 독일 등도 이어서 불평등조약을 체결하였다.

이에 서양을 오랑캐라고 하면서 반대하던 양이론자(攘夷論者)들은 반막부(反幕府) 운동을 전개하여, 1867년 말 메이지 유신(明治維新)을 추진하는 새로운 정권이 들어서게 되었다. 그 중심에 사쓰마벌과 죠슈벌이 있었다. 1868년 새로운 정권은 메이지 유신을 통해 부국강병 정책을 내세우면서, 서양 제국들의 아시아 침공 정책과 관련한 외교관계를 적극적으로 활용하였다.

메이지 정부는 서양 제국의 문호를 배우기 위해 유람단을 꾸려서 영국, 미국, 프랑스, 독일 등 선진국으로 보냈다. 그리고 에도(江戸)시대 중기 이래 약 1만여 개의 데라코야(寺子屋)의 서민 교육을 기반으로, 초·중등 의무교육을 받게 하였다. 또한 도쿄제국대학을 비롯하여, 교토대학, 규슈대학, 홋카이도대학 등 주요 도시에 제국대학을 만들어 미국과 독일 등에서 석학을 초빙하였으며, 당시로서는 첨단의 전문적인 학문을 가르치게 하였다. 당시 동경대에 초빙된 교수의 월급은 일본 총리와 비슷한 수준이었다고 한다. 또한 각 지역에는 그 지역의 특성에 맞는 전문학교를 만들어 인재를 양성하고 새로운 흐름에 대응하게 하였다.

이렇게 메이지 일왕과 죠슈벌 정권은 영국과 미국의 동아시아 전략을 활용하여 새로운 국제 질서에 대응해 나갔다. 당시 영국은 청국, 미국은 필리핀을 거점으로 아시아 정책을 추진하고 있었으며, 러시아는 청국의 동북부 지역을 장악하고 있었다. 러시아가 남하할 경우, 아시아의 판도는 크게 바뀌기 때문에, 영국과 미국, 일본은 동맹을 맺어 대처할 필요를 느꼈다. 조선정부는 프랑스와 병인양요(丙寅洋擾, 1866년), 미국과 신미양요(1871, Western Disturbance in the Shinmi Year)를 통해 전쟁을 하면서도 쇄국정책을 고수하고 있었다.

앞서 살펴본 바와 같이, 이러한 세계적인 상황 속에서 메이지

정부는 우선적으로 주변국들을 복속시키는데 집중하였다. 먼저, 1871년 오랜 역사적 전통을 가진 류큐왕국을 정복하였고, 오키나와현을 설치하였다. 홋카이도에는 이른바 개척사를 파견하여 현청을 설치하고 원주민 아이누족을 종속시켰다. 나아가 타이완(臺灣)과 한반도를 침공하려고 하였다. 이것은 일본 국내의 반대 세력들의 관심을 돌리는 것에도 한몫을 하는 정책이었다.

한반도를 공략하기 위하여, 일본정부는 부산과 강화도 등에 함대를 보내 사전 조사를 하였다. 그런데 1875년 9월 20일, 이노우에 요시카 함장이 군함 운요호(雲揚號)를 이끌고 강화도 초지진에 들어오면서, 조선군과 교전하는 사태가 벌어졌다. 일본군은 이후 3일간 영종도까지 들어가 조선인 30여 명을 죽이고 포로까지 붙잡았으며, 물자를 약탈하고 마을을 불태웠다. 그리고 1876년 2월, 일본 정부는 미국의 방식을 모방하여, 7척의 함대를 이끌고 해군력을 과시하면서 조선정부에게 개항과 통상을 요구하였다.

그때까지 조선정부가 병자호란, 신미양요 등으로 프랑스, 미국 등과 전쟁을 하고 있는 동안, 일본정부는 미국, 영국과 화친 외교를 하는데 집중하였다. 이러한 일본의 외교적 수완으로 인해, 미국과 영국은 일본군이 함대를 끌고 와 조선에 개항하도록 위협하는 함포외교를 눈감아주었고, 결국 조선과 일본은 조일수호조규(朝日修好條規)를 맺게 된 것이었다.

이 조약은 불평등 조약으로서, 부산을 비롯하여 한반도의 거점지역에 개항장을 만들려는 수법이었고, 치외법권과 경제적 특권을 통해 조선 땅이지만 조선의 간섭을 받지 않는 거점을 만들려는 수법이었다.

먼저, 일본국은 왜관이 있던 부산에 일본인전관거류지를 만들었으며, 당시 국제법에서 제한하고 있던 군사기지까지 설치하였다. 미국, 영국, 프랑스, 독일 등이 경제적 이권에 초점을 맞추어 정책을 수립한 것에 비해, 일본은 청국과의 결전을 위한 준비작업의 일환으로 부산, 진남포, 마산 등 거류지에 군사거점기지를 만드는 정책을 추진하였다. 그들은 오랫동안 중국과 선린 관계를 유지해오던 조선국의 정치권을 장악하기 위하여 다양한 수법을 동원하였다.

이러한 상황에서 1894년 1월 전라남도 고부에서 동학농민전쟁이 일어나자 조선정부는 청국에게 농민군 진압을 위한 군사를 요청하였고, 일본은 텐진조약(天津)을 들어 한반도로 쳐들어 왔다. 이러한 상황에서 메이지 일왕은 청국에게 선전포고를 하였다. 일본군은 청국군과 아산, 평양 등지에서 싸우고, 동학농민군을 진압하면서 마을에 불을 지르고 남녀노소를 가리지 않고 무자비한 탄압을 자행하였다. 결국 한반도의 전투 지역은 초토화되었고, 이 땅에서 자행된 청일전쟁은 일본군의 승리로 끝났다. 전쟁을 끝내면서 양국은 시모노세키조약을 맺게 되었는데, 일본은 청국에게 막대한 배상금을 받고, 타이완을 식민지화하는데 성공하였다.

청일전쟁에서 승전한 일본은 제국으로의 기세를 몰아가기 위하여, 이제 한반도를 식민지로 만들려는 전략을 구상하였다. 죠슈벌이 오랫동안 내세웠던 정한론은 이제 대세가 되었다. 당시 죠슈벌의 수장은 야마가타 아리토모였다. 야마가타 내각은 '한반도는 자국의 생명선'이라고 주장하면서, 호전적인 정책을 취하려고 하였다. 당시 동북아시아 지역의 판세는 러시아가 청국의 동북부 지역을 장악하고 있었기 때문에 한반도까지 지배 지역이 넓혀졌을 경우에, 일본 본토가 위험해질 수도 있다는 인식이 퍼졌다.

야마가타 내각은 러시아와의 일전을 준비하였다. 이를 위해 먼저 1904년에 영국과 동맹을 맺고, 이어서 미국과 가쓰라-테프트 조약을 맺어 러시아 남하를 저지하기 위한 첨병으로 나서게 된다. 1904년 메이지 일왕은 러시아에 선전포고를 하였다. 이번에도 러시아와 일본의 전쟁이지만, 그 전쟁터는 중국의 다롄 일대와 한국의 마산과 부산, 진해만 일대였고, 동해 쪽으로는 울산 일대였다.

일본이 이렇게 한반도를 노리게 된 것은 당시 영국과 미국의 동아시아 전략이 러시아의 남하를 막고, 자국의 경제적인 이득을 챙기는 것이었기 때문이다. 이러한 세계 정세에 대해 대한제국 정부는 적절하게 대처하지 못하였다.

일본군은 진해만에 군사기지를 설치하고, 러시아가 블라디보스토크에서 중국의 다롄까지 오가던 물자를 통제하게 되었다. 이것이 결국 러시아를 이기는 결정적인 계기로 작용하였다. 이 러일전쟁에서 일본은 승리하였고, 타이완에 이어 이번에는 한국을 이른바 '보호국'으로 만들었다. 한국은 외교권과 사법권을 박탈당하였다.

일본의 러시아에 대한 승리는 대한제국에게 '을사늑약'이라는 치욕적인 상황을 안겨주었다. 국가가 제대로 대응하지 못한 상황에서, 각지의 의병들은 일제에 대항하여 몇 차례에 걸친 투쟁을 지속하였으며, 국민들은 대구와 동래에서 시작한 국채보상운동을 전국적으로 벌였다. 그리고 안중근 의사는 동양평화론에 입각하여 중국, 일본, 한국의 문제를 평화적으로 풀어내려 했으나, 일본의 제국화로 여의치 않아 하얼빈에서 이토 히로부미를 저격하는 등 식민지화에 반대하는 운동을 지속하였다. 이러한 노력에도 불구하고 일본의 전쟁과 외교전은 대한제국을 완전한 식민지로 만드는 것으로 귀결되었다. 대한제국은 1910년 8월 29일 완전히 일본의 식민지로 전락하고 말았다.

이때부터 1945년까지 일본이 전쟁을 하면 한반도는 전쟁을 위한 물자와 노동력을 조달해야 하는 희생 체제 속으로 들어가고 말았다. 서구와 일본이 산업혁명을 하고 공업화를 통해 성장하는 동안, 한국인은 식민지민이 되어 노동력을 제공하거나 소상공인이 되었으며, 생업을 포기하고 목숨을 거는 독립운동에 전념하는 처지가 되었다.

이러한 상황이 되자, 식민지 조선에서는 자본주의에서 가장 중요한 생산수단을 만들 수 있는 공업시스템을 전혀 만들지 못했다. 이에 비해 일본은 서양 제국의 산업혁명 기술을 배워, 철도와 도로를 만들 수 있는 생산 기술을 개발하였고, 섬유 대국으로 발돋움하였으며, 항공모함과 전투기를 만들어냈다. 이에 따라 일본의 기업은 값싼 원료 물자 조달과 노동력이 필요하게 되었고, 상품을 판매할 수 있는 소비처가 필요하게 되었다.

일본은 영국과 프랑스, 독일, 미국 등 서양제국들의 산업 기술을 확보하여 식민지 경략으로 나간 아시아에서 유일한 제국주의 국가이다. 이른바 선진국들은 옷이나 기계, 기호식품 등을 만들 때 필요한 원료와 넘쳐나는 상품을 판매하기 위하여 아프리카, 아시아 등 식민지를 개척하여 이 문제들을 해결하려고 하였다. 이러한 강대국의 자국 이익을 위한 끊임없는 욕심은 약육강식의 세계 체제를 만들었으며, 일본 또한 후발 제국주의가 되어 이 체제 속으로 들어갔다. 이러한 세계 자본주의 변화 속에 5천 년의 역사를 가진 한반도는 식민지로 전락하게 된 것이다.

식민지 조선에서 이른바 근대적이라고 말하는 기업들은 일본이나 영국, 미국 등에서 생산한 기계를 수입하여 설비하였다. 일본군은 제1차 세계대전에 참전하여 승전국이 되었고, 전쟁 배상금으로 받은 자본금을 활용하여 식민지 조선은 물론 만주, 중국에서 기업들을 만들고 투자하였다. 여기에서 값싼 노동력을 활용하여 면직물, 비료, 시멘트 등을 대량 생산하게 되었다. 조선방직이나 조선질소비료주식회사, 오노다(小野田)시멘트 등은 이때 한반도에 만들어진 대표적인 일본 기업이다.

이렇게 일본정부는 1868년부터 70년 동안 군대를 내세워 다른 지역과 국가의 영토를 침공하였고, 기업을 진출시키면서 값싼 노동력을 활용하여 부를 축적하였다. 한편으로는 서구 열강에게 배워 부국강병을 도모하였고, 다른 한편으로는 아시아 제국의 여러 나라를 식민지로 만들어 제국주의화에 성공한 것이다. 일제는 점령지 오키나와와 홋카이도, 식민지 타이완과 조선의 물자와 인력을 활용하면서, 자국의 '생명선'으로 만들었다. 일제는 이렇게 식민지 희생 시스템을 만들어나갔던 것이다.

제2부

아시아 태평양 전쟁과
학생 강제동원

3장
아시아태평양전쟁과 학생 노무동원 정책

1. 중일전쟁과 전진대륙병참기지

자본주의 경제체제에서 공황은 주기적으로 발생한다. 공황이 발생하는 원인은 여러 가지 이유가 있지만, 당시 미국을 비롯하여 각국의 보호무역주의 강화와 전쟁 채무, 배상 문제를 둘러싼 복잡한 갈등, 이민규제 강화 등이 주요한 요인이라고 할 수 있다. 이미 1920년대 세계화의 후퇴 과정과 세계 경제의 구조적 문제에서 대공황의 전조가 나타나고 있었다.

그런데 미국에는 1929년 10월 24일 검은 목요일과 29일 검은 화요일이라고 불리는 금융대공황으로 월가의 주가가 폭락하였고 (the Wall Street Crash) 수많은 기업들은 도산하였다. 해고된 노동자들은 거리로 몰려나왔으며, 거리에는 나누어 주는 밥을 얻어먹기 위해 기다리는 사람들과 대책을 요구하면서 시위를 하는 사람들로 넘쳐났다.

이러한 대공황 현상은 미국뿐만 아니라 세계 경제를 단숨에 어렵게 하였다. 흑인에 대한 인종차별이나 노사 갈등을 비롯한 사회적 갈등은 더욱 심화되었다. 루즈벨트 대통령은 이러한 대공황을 벗어나기 위하여 뉴딜정책을 취하였다. 브랜다이스 중심의 반독점 제퍼슨주의자들은 증권=자본시장을 개혁하였으며, 은행부문과 연준까지 개혁을 도모하였다. 어려움은 있었지만 이러한 개혁 과정에서 차츰 자본 상황은 나아졌으며, 기업들은 점차 컨베이어 시스템을 활용하여 생필품은 물론 전쟁에 필요한 물자를 생산하는 체제로 전환하였다.

미국의 대금융공황의 여파는 역사상 유례가 없었던 사회경제적 재난으로 번졌고, 독일, 프랑스 등 유럽과 아시아로 번져나갔다. 일본에서는 설탕과 제분 등에서 세계적인 거점 망을 가지고 있던 건실한 재벌 스즈키상점(鈴木商店)이 몰락하게 되는 등 경제적 위기감이 고조되었다. 대장성 출신 와카쓰키 레이지로(若槻 禮次郎)의 내각은 미국의 대공황이 일본으로 전이되는 것을 보면서, 자본시장을 넓혀 엔블록경제를 형성해야 한다는 것을 정책의 기조로 삼았다.

이러한 상황에서 일본정부와 군부는 중국을 식민지로 만들기 위한 전략을 구사하였다. 당시 중국 일대는 국·공 합작을 주도한 쑨원(孫文)이 1925년 사망한 후 국민당과 공산당의 갈등이 격화되었고, 1927년 7월에 국민당은 당내에 공산당원을 쫓아내고 분공(分共)을 선언하였다. 공산당도 국민당에 대한 투쟁을 결의하고 있었다. 이렇게 중국이 분열되어 있던 상황에서 관동군은 봉천군벌의 지도자 장쭤린(張作霖)을 암살하고 새롭게 장쉐량(張學良)을 내세우고 만주를 침략하려고 하였다.

만주를 손에 넣기 위하여, 일제는 1931년 9월 류타오후 사건(柳條湖 事件)을 빌미로 하여 만주사변을 일으켰다. 침략의 구실을 만들기 위해, 관동군은 1931년 9월 18일 밤 10시 30분경 류타오후에서 만철 선로를 폭파하고 이를 장쉐량이 지휘하는 동북군 소행이라고 발표한 후 만주를 침략하였다. 결국 일제는 만주에서 동북부 군벌 세력을 몰아내고, 어린 푸이를 황제로 내세워 만주국을 세웠다. 이후 관동청을 두어 전쟁 물자를 조달하는 거점을 만들었으며, 광활한 만주 일대의 거점을 지배하는 체제를 구축하였다.

이렇게 만주지역을 지배하게 되자, 일제는 더욱 넓은 영토를 확보하기 위해 중국, 동남아시아 등으로 침략을 하려는 전략을 세웠다. 전쟁의 승패를 가르는 열쇠는 군수물자 조달 여부에 달려있었으므로, 일본군 참모본부는 점령지와 식민지에 병참기지를 만들어 전쟁 물자를 확보하려고 하였다. 이렇게 하여 '조선시가지계획령'과 이른바 '조선공업화' 정책이 나오게 된 것이다.

만주국을 세울 당시 와카쓰키(若槻 禮次郎) 내각 하에서 조선총독은 죠슈벌의 후예 우가키 가즈시게(宇垣 一成)였다. 그는 농공진흥책을 수립하여 남면북양정책(南綿北羊政策)을 수행하였으나 성공적이지는 못했다. 그의 관심은 대륙 침략을 위한 루트를 만드는 것이었고, 그것은 1934년 제령 조선시가지계획령을 시행하는 것으로 나타났다. 계획의 핵심은 일본에서 만주로 가는 해상루트와 대륙루트를 만드는 것이었고, 그 루트의 요충지에 군사적인 목적의 중심 시가지를 건설하는 것이었다.

이 신시가지 계획은 히로타 고키(廣田 弘毅) 내각 하에서, 미나미 지로(南 次郎)가 1936년 8월에 조선총독으로 부임하면서 본격적으로 추진되었다. 미나미는 본격적으로 조선을 대중국 전진 대륙병참기지로 만들기 위한 정책을 추진하였다. 그 핵심은 북한에 나진 시가지를 만들고, 기존 경성, 부산, 대구 등에 신시가지를 만들고 새로 항공기지를 만들거나 정비하는 것이었다. 첫째, 해상루트는 일본의 쓰루가(敦賀)와 조선의 나진지구를 개발하여 만주로 바로 연결하도록 하는 것이었다. 계획령을 발효하자마자 가장 먼저 추진한 곳이 바로 나진지구의 시가지화였다.

둘째, 대륙루트는 기존의 경부선을 확장하여, 일본의 시모노세키로부터 조선의 부산-대구-대전-경성-평양-신의주 등 각 지역의 물자와 인력을 확보하려는 전략이었다. 1936년부터 경성, 부산, 대구로 영역을 확장하여 군부대와 항공군사기지를 연결하려고 하는 것이었다.

일제의 큰 그림은 조선과 만주, 타이완, 사할린 등을 병참기지로 만들고, 상하이, 난징, 싱가포르, 말레이시아, 남양군도 등의 전쟁터에 물자와 인력을 충당하려는 것이었다. 그래서 조선에는 이른바 '조선공업화'정책과 조선시가지계획 등을 추진하면서 대륙병참기지를 만들고, 만주에는 전진 군사 거점으로서, 병참기지와 첨병기지를 만들려고 하였다. 점령지에는 일본인은 물론 식민지 한국인들을 대거 이주시켜, 거점 도시를 개발하게 하고, 군사적 거점을 만들어 나갔다.

이렇게 일전을 준비하고 있던 히로히토 일왕은 1937년 7월 7일 중국 국민정부와의 전쟁을 선포하였다(Sino-Japanese War, 中國抗日戰爭). 이 전쟁은 청일전쟁 이후 두 번째 중국과의 전쟁이며, 1945년 9월 2일까지 무려 8년간 전개되었다. 한국의 입장에서 보면, 1894년 청일전쟁에서도 한반도가 전쟁터가 되었으며, 1937년 중일전쟁에서도 한반도는 일본의 전쟁을 위한 대륙병참기지가 되었던 것이다.

중국과 전쟁을 시작하면서 일제는 자국의 세력권에 있는 모든 식민지와 점령지를 하나의 경제권으로 연결하고자 했다. 그 법제적 장치가 1938년 5월에 발효된 국가총동원법과 5월 15일 국가총동원법을 타이완, 조선, 사할린(가라후토: 樺太)에 시행한 칙령이다. 이후 국민총동원령, 국민징용령 등으로 일본 본토는 물론 식민지의 모든 사람들을 전쟁 물자를 만들기 위한 수단으로 삼았다. 베이징(北京),

상하이(上海) 난징(南京)까지 일본군은 파죽지세로 침공하였다.

이렇게 일제가 세력권을 중국까지 넓히고, 동남아시아까지 넘보게 되자, 당시 미국의 루즈벨트, 영국의 처칠, 소련의 스탈린은 동맹을 맺고, 일본제국주의를 저지하고 아시아의 패권을 유지하려고 하였다. 일본의 무기 생산을 막기 위하여 고철과 석유 수출을 금지하였다. 또한 미국은 자국 내 일본 자산을 동결하고, 일본 선박이 파나마 운하를 통과하지 못하도록 하여 중국 내에서 군사 행동을 위축시키고자 하였다.

1941년 11월 26일 미일간 협정 개요 헐 노트(Hull note: Outline of Proposed Basis for Agreement Between the United States and Japan)를 마지막으로 도조 히데키 수상은 외교적인 회담보다 무력전쟁으로 급선회하였다. 특히 석유 봉쇄는 석유를 전량 수입하던 일본에게는 치명적인 것이었다. 정책을 어떻게 해야 할 것인가를 둘러싸고 여러 가지 논의가 있었다. 첫째, 미영의 요구에 따라 중국에서 철수하는 것. 둘째, 미·영의 군사력이 약화될때까지 기다렸다가 결정할 것. 셋째, 무력 충돌하여 동남아시아의 자원 획득을 시도하는 것이었다.

이러한 상황에서 히로히토 일왕과 도조 히데키 내각은 대미 무력 침공을 결정하였다. 일본참모본부는 태평양전쟁의 시작으로 진주만 폭격을 계획하였다. 전쟁 선포 이전 일본정부는 독일·이탈리아와 연맹을 맺었으며, 그해 9월 '남방작전계획'을 수립하여 필리핀, 태국·미얀마, 인도네시아, 말레이시아 등에 남방군을 배치

일제의 전쟁과 학생 강제동원

하였다. 대본영 직할인 남해지대(南海支隊)를 1개 사단과 2개 비행집단으로 구성하였다. 조선에도 후방 병참기지 역할을 위해 20여 개의 군사항공기지를 확대하거나 만들 계획을 추진하게 되었다.

일제는 러일전쟁 이래로 서울 용산에 군사기지를 만들어 한반도의 가장 중요한 군사거점으로 활용하였다. 한반도 침략 이후에는 중국을 침략하기 위한 전진기지로 활용하였고, 한국인들이 저항하면 군대를 보내 처절하게 진압하였다. 일제는 이러한 군사기지를 남부지역의 대구와 북부지역의 평양, 함흥에 설치하였다. 당시에는 이 곳이 대표적인 전통도시였기 때문이다.

이제 중일전쟁은 태평양전쟁으로 확대되었고, 전쟁의 주요 수단도 항공전으로 변화되었다. 이에 따라 일본참모본부는 북부지역의 관할 부대를 관동군에 맡기고, 남부지역을 조선군이 통솔하도록 하였다. 남부지역에는 22개의 항공군사지구를 계획하여 만들어나갔다. 제1군사지구 서울에는 기존 여의도공항을 군 공항으로 전환하고, 김포공항을 확장하였다. 또한 제2군사지구 대구에는 동촌비행장을 확장하고, 주변의 영천, 포항, 김천, 왜관, 부산, 마산 등을 관할하게 하였다. 부산은 한일의 관문으로서 갈수록 그 중요성이 커졌기 때문에 해운대 수영에 비행장을 설치하고, 내륙에는 김해비행장을 건설하였다.

이렇게 한반도는 일제의 병참기지로 변화해갔다. 항공군사기지를 만들어 철도역과 항만까지 연결하려면 도로를 만들어야 했다. 대체로 이러한 사회간접자본 시설을 급속하게 설치하기 위해서는 자본력과 노동력이 필요하였다. 그 자본은 노동력을 지불해야 할 월급과 사회보장보험, 퇴직금 등이 포함되어야 한다. 그런데 일제는 이 노동력에 드는 비용을 법을 만들어 강제동원하는 방법으로 거의 무상으로 사용하려고 하였다.

일본군 당국은 군인, 군속이 절실하게 필요하였다. 그리고 물자를 총동원하기 위하여 군수기업에도 근로동원을 강제하였고, 도로와 비행장 확장 공사 등에도 동원 명령을 내렸다. 심지어 일제는 학생까지 동원하여 부족한 노동력을 해소하고자 하였다.

중일전쟁 이후 조선의 전진병참기지화 정책은 일본으로서는 사활을 건 정책이었다. 전쟁터에 군수 공급을 하지 못할 경우, 전쟁에서는 질게 뻔하기 때문이었다. 이러한 절박함으로 식민지 민중들에게 강제동원의 강도가 더욱 세졌다. 강제동원과 관련하여 가장 강제성을 띤 칙령은 1939년 7월 7일 국가총동원법 제4호에 입각한 「국민징용령을 정함」이다. 주무 기관은 일본의 내각 총리, 척무성, 후생성이다. 이 기관에서 생산한 문서와 시행청인 조선총독부에서 생산한 문서를 검토해보니, 학생 강제동원의 시스템적 연관 구조를 파악할 수 있었다.

학생 근로동원은 근로보국대 활동의 일환으로 1938년부터 실시되었다. 중일전쟁을 시작한 일본정부와 총독부, 군부는 근로보국대를 노동력 동원의 유용한 방법으로 널리 활용하였다. 이 정책은 식량 증산 중심의 일시적 근로동원에서 일상적 근로동원으로 체계화되어 갔다. 청장년 노동력 부족 문제가 점차 심각하게 되자, 동원 대상에서 제외해 왔던 남성과 여성, 학생, 나아가 어린이에 이르기까지 그 범위를 대폭 확대하여 근로보국(勤勞報國)이라는 이름으로 동원하며, 국민 모두 노동하는 체제를 만든 것이다. 국민총동원체제는 서울, 평양, 대구, 부산, 대전 등 큰 도시는 물론 나진, 여수, 제주, 강화, 완도에 이르기까지 전국적으로 이루어진 것이었다.

그리고 1939년 후반부터 토목건축 분야의 노동력을 보충하기 위해 점차 '무작위 노동력 동원'이라는 새로운 방식을 취하였다. 일본정부와 총독부는 다양한 동원방식을 만들어 단계적으로 동원체제를 마련하였다.

2. 태평양전쟁과 후방병참기지 조선

이러한 준비를 거쳐, 일본참모본부는 야마모토 이소로쿠(山本五十六) 연합함대 사령관 지휘하에 1941년 12월 7일 아침 하와이 주 오아후섬의 미합중국 진주만 군사기지를 기습하였다. 당시 진주만에는 미 해군의 태평양 함대와 공군, 그리고 해병대가 주재하고 있었다. 이 공격으로 12척의 함선이 침몰하였고, 188대의 전투기가 격추되거나 손상을 입었으며, 군인 2,335명, 민간인 68명이 사망하였다. 일본군은 64명이 사상하였다.

진주만 공격에 충격을 받은 미국은 긴급하게 일본의 도발에 대한 대책을 강구하였으며, 영국, 프랑스, 소련, 오스트레일리아 등과 함께 연합군을 구성하였다. 이제 연합군은 일본과 적국이 되었다. 태평양전쟁이 본격적으로 시작되었던 것이다.

여기서 우리의 입장에서 주목해야 할 것은 바로 한반도에 사는 사람들 대부분이 자신들의 의지와 상관없이 이 전쟁에 휩싸이게 되었다는 것이다. 그것도 일본군의 물자와 인력을 채워주는 병참기지로서의 역할을 강요받았던 것이다. 일본과 연합군의 싸움 속에 수많은 한국인들은 강제 동원을 당하였으며, 자신들의 삶을 유린당하였다. 일반인들은 물론 중고등학교와 대학교 학생들까지 동원하였고, 심지어 초등학교 1학년 학생들까지 동원하여 양국전쟁의 희생양을 삼았다는 것이다.

일본의 침략전쟁은 식민지의 모든 사람들의 고혈을 빼는 정책으로 압축된다. 정책을 추진하기 위해, 먼저 일본본토와 식민지의 이른바 '내·외지'의 행정일원화 정책을 써서 식민지를 포함하는 모든 세력권의 사람과 물자를 지배하려고 하였다. 이 과정에서 조선의 군수산업도 모두 통제되었다. 이 때문에 한반도 내 군수동원 시스템은 조선, 일본, 남양군도, 동남아시아 등으로 연결하는 시스템으로 변화되었다. 이 전쟁 시스템의 가장 밑바닥에 한반도 내 학생들을 배치했던 것이다.

학생들은 학교에 가서 실습이라는 미명하에 식량증산을 위하여 호박구덩이를 파고, 돼지를 키우기 위한 사료를 주고, 항공기에 주유할 기름을 만들기 위해 솔방울을 따서 송진유를 만들고,

대구역과 대구항공기지를 잇는 도로 공사를 담당하였다.

이처럼 일본정부와 군부는 전쟁을 치르기 위하여 세력권 내 '고도 국방 체제'를 구축하기 위해 본토와 식민지 전체를 군사적으로 재편성하였다. 이 과정에서 식민지 조선을 때로는 전진병참기지로, 때로는 후방병참기지로 활용했다. 이에 따라 군사 거점이 변동하였으므로 군사 시설 설치나 기업의 존폐에도 심각한 영향을 초래하였다.

태평양전쟁으로 확전이 되면서, 한반도의 군사 시설 설치는 남부지역을 중심으로 급속하게 추진되었다. 이 과정에서 서울, 대구, 부산, 광주 등 주요 도시의 군사지대를 중심으로 군사시설을 강화해나갔다. 이것은 한반도 남부를 후방병참기지로 이용하려는 일본군의 전략이었다.

1941년 국민근로보국 협력령이 공포된 이후에는 더욱 강제적으로 노동력을 채워나갔다. 구체적으로 살펴보면, 마을마다 청장년 등 가동 가능한 연명부를 비치해 두고, 군 단위로 출동 명령이 있을 때마다 각자의 순서에 따라 출동하게 하였다. 즉 근로보국대는 행정력의 뒷받침으로 면 단위에서, 총동원 기구의 후원 하에 애국반 단위로, 직장·사회단체·청년단체 중심으로 전국 각처에서 강력히 추진시켜 나갔던 것이다. 이렇듯 노동력 동원체계가 확립되면서 근로보국대는 관 알선과 더불어 강제적인 노동력 동원 방법이었으며, 한국인 노동력 수탈의 중요한 수단으로 자리잡았다.

근로보국대는 크게 일반 근로동원과 학생 근로동원으로 구성하였다. 일반 근로동원은 노동력 공급을 위한 총독부 노동력 동원 정책의 한 축이었다. 동원체제의 강화와 노동력 강제동원을 계기적, 연속적으로 파악하여 일제의 확전에 따른 노동력 중점 배치 방침에 의해 단기 노동동원의 일환으로 '근로보국대' 운영을 확대한 것이다. 중요산업 부문의 장기동원을 위해 모집, 관 알선, 징용으로 귀결된 것이었다.

일본정부는 기업인들에게는 항공기를 헌납하라 하였고, 한국의 가정에서 쓰던 가마솥, 숟가락은 물론, 솥방울에 이르기까지 전쟁에 쓰이는 물자를 총동원하였다. 그리고 한국인들을 군인, 군속, 노무자로 끌고 가 평범하게 노력하여 자신의 일자리를 찾아가는 일상을 파괴하였고 집안의 대를 끊어버리는 무참한 짓을 자행하였다. 그리고 총동원체제 하에서 어린 학생들까지 총력대로 편성하여 집단 근로 동원을 강요하였던 것이다.

3. 1937년 ~ 1945년 학생 노무동원 정책

그러면 일본정부는 어떻게 학생들을 강제 동원하였는지, 그 정책에 대해 알아보자. 기본적인 것은 법을 만들고, 시행령과 시행규칙에 기반하여 정책을 수행한다. 먼저 법을 만든 배경과 경위에 대하여 알아보자.

1931년 만주사변과 함께 본격적으로 중국을 침공하려던 일본

정부와 군부가 주로 군부대를 활용하여 군수물자를 조달하였으나, 1937년 중일전쟁을 시작하면서 일본 본토는 물론 그들의 세력권 전체로 물자와 인력을 총동원하는 정책으로 전환할 필요성이 있었다. 다음으로 법을 만든 경위와 일을 담당하는 기관을 살펴보면, 다음과 같다.

일본내각 정부는 1938년 4월 1일 국가총동원법을 제정하였고, 5월 15일에는 식민지 조선, 타이완, 사할린에도 이 법을 시행하였다. 식민지 통치 권한은 일왕에 직접 예속한다고 되어 있지만, 행정 절차는 반드시 일본 내각을 통하도록 법률로 규정하였다. 식민지에 총동원체제를 구축하기 위한 법제 장치도 모두 일왕과 일본내각의 결재 구조 속에서 이루어졌다. 일제의 세력권 지배를 위한 행정라인과 히로히토 일왕이 최종 결재한 주요 칙령과 주무기관은 다음과 같다.

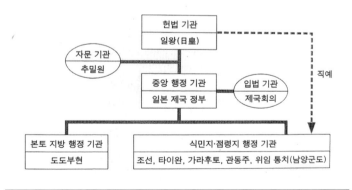

그림 3 | 제국과 식민지의 행정시스템

국가총동원법과 국민근로동원령은 내각총리가 총책임을 맡고 대동아성, 내무성, 문부성, 군수성, 후생성이 각각 역할을 담당하였다. 이러한 상부구조의 체제하에서 일본본토와 식민지의 근로보국대와 관련한 구체적인 정책 시행 매뉴얼도 만들어졌다.

1938년 5월부터 중등학교 이상의 학생에 대한 동원 계획이 실시되었다. 6월에 오노 정무총감이 국민정신총동원근로보국운동 실시 요강을 각 기관에 내렸고, 7월 7일에는 국민정신 총동원 조선연맹을 결성하였다. 그리고 국민개로운동이라 하여 학교에도 학도근로동원본부를 만들었다.

1941년 미국이 참전하게 되면서 국민근로보국협력령이 제정되고 시행되었다. 각 지역에는 학교 교장을 중심으로 담당 지역을 배정하고 학생들을 강제동원하였고, 1944년이 되면, 수업을 거의 전폐하고 학생들을 일상적으로 동원하는 정책을 시행하였다.

주목해야 할 것은 조선 내 노무동원이다. 이것은 총독부가 후방의 안정과 전쟁에 안정적인 노동력을 공급하기 위하여 만든 것이다. 당국은 조선 내 노무동원을 위한 관련 법령을 제정하는 한편, 이 법령에 기초하여 '모집', '관알선', '징용'과 함께 '근로보국대'의 조직을 통해 노동력을 강제동원하였다. 총독부에 의해 동원된 노동력은 전쟁 관련 시설물의 조성과 함께 광업, 교통운수업, 토목건축업에 집중적으로 배치되었다.

조선 내에서 노무등원은 전 지역에서 추진되었는데, 전통적인 농업지대였던 삼남지역에 더욱 집중되었다. 이 사실은 당대의 부분적인 자료에서부터 일제강점기강제동원진상규명위원회(현, 대일항쟁기강제동원피해조사 및 국외강제동원희생자등지원위원회)에 접수한 신고 건수를 통해서도 알 수 있다. 일제강점기강제동원진상규명위원회 신고 건수가 전라남북도, 경상남북도, 충청남북도의 신고자들로 집중되어 있음이 이를 잘 보여준다.

일본에서는 1937년 8월에 인적, 물적 자원을 총동원하기 위해 국민정신총동원 실시요강을 결의하고 실시하였다. 이듬해 5월에는 4월에 제정한 국가총동원법을 조선에도 시행하였다. 법 시행을 위해 일제 당국은 '내선일체'를 강조하고 이른바 '황민화정책'이라고 하여 학생들을 세뇌시키는 작업을 추진하였다. 법적 체계 속에서도 학교에서 학생을 동원할 수 있는 근거를 마련하고자 했다. 학교와 학생을 통제하는 법령은 조선교육령이다. 그래서 이 조선교육령에 학생을 한 달 정도 동원할 수 있다는 조항을 넣어 근거를 마련하였다. 이것이 제3차 개정이다. 이때부터 학교교육은 국가총동원법에 순응하는 인간을 만들기 위한 정신 교육과 신체 훈련을 위한 것으로 완전히 선회하였다.

이후, 조선총독부가 고안한 것 중에 하나가 '집단근로운동'이었다. 조선 내의 학생 근로 동원은 '단계'를 밟는 정책이 펼쳐지며, 학무국을 통해 이미 조직화, 제도화되어 있는 학교와 학생들을 먼저 동원하기 시작했다. 6월부터 7월에 걸쳐 집중적인 정책이 통첩으로 학교에 내려졌다.

6월 11일에는 오노 로쿠이치로(大野綠一郎) 정무총감이 '학생생도의 근로 봉사 작업실시에 관한 건'을 통첩하여, 각 도지사와 직할 학교장이 학생들을 집단 노동력으로 동원하도록 명령을 내렸다. 이 명령에 따라 각 도 학무과장들은 회의를 해서, 학생은 재학중 2회 이상 근로보국대로 동원되어야 한다는 것을 필수 요건으로 결정하였다. 전국에 있는 모든 학교 학생들을 동원하는 체제가 마련되었다. 7월에는 학생을 강제동원하기 위하여 계속 공문을 내려보냈고, 7월 1일에 내무부장이 각 부윤, 군수에게 '국민정신총동원근로보국운동에 관한 건'을 보냈다.

이어 7월 7일, 국민정신총동원조선연맹이 결정되고 각 지역에서 근로보국대를 통한 동원이 실시되었다. 7월 16일에 근로보국대를 대구 각 중학교에 결성하였고, 8월 31일에 '학교졸업자사용제한령'을 내려 동원에 차질이 없도록 조치하였다. 국민정신총동원조선연맹 하의 근로보국대는 전국의 행정구역과 일반단체, 학교를 기본단위로 하여 조직되었다. 조선총독부에서 각 도지사, 부윤, 군수, 직할 학교장으로 하달되는 구조로 조선총독부의 주도하에 일반인, 학생 할 것 없이 총동원 하는 정책이었다.

당시 매일신보를 보면, 1938년 8월 13일, '지방 민중들에게 감화를 주고 근로 교육에 큰 반성'이라고 하면서, 우선 7도에서만 1만 7천 명의 학도를 동원하여 학교근로보국대가 좋은 성적을 내고 있다고 보도하고 있다. 1938년 7월 학교 근로보국대의 집단 노동력 동원 현황은 경기 32개교 9,050명, 충북 5개교 280명, 충남 10개교 1,103명, 전남 13교 2,400명, 경남 12개교 1,706명, 황해 5

일제의 전쟁과 학생 강제동원

개교 371명, 함남 16개교 1,992명 등이다. 이후 경북, 함북, 강원도 등에도 많은 학생들이 이른바 근로보국대로 동원되었다.

1939년 총독부는 근로 동원에 대하여 더욱 집요한 결정을 내리게 된다. 그것은 '집단근로작업 실시에 관한 건'이라는 통첩을 통해 실시되었다. 학생들에게 하계 방학 이외에도 수시로 일을 시키고, 출결석을 불러 긴장하게 하고, 근면·태만으로 성적을 매기게 하였다. 심지어 7월 달부터는 근로동원을 정규 교과목에 준하여 취급하도록 지시하였다. 일을 잘 안하는 학생은 좋은 성적도 받지 못하게 했던 것이다. 지금 학생들에게 이런 일을 시킨다면, 아마 학생은 물론 학부모들의 비난이 빗발쳤을 것이다.

특히 학도근로본부는 방학을 활용하여 학생들을 동원하는데 열을 올렸다. 여름방학이 되면, 학생들을 집단적으로 동원하였다. 대체로 10일 내외로 하고 하루 노동시간은 6시간으로 하였다. 주로 벼 베기, 볏단 나르기 등 식량생산보조와 도로공사, 사방공사, 황무지개간, 매립공사, 수로공사 등에 동원하였다. 학생 동원시 규정상으로는 일반 노동자에 준하여 임금을 지급하게 되어 있었지만, 실제로 학생들에게 임금을 지급하지는 않았다. 근로동원본부는 학생들의 임금을 학교로 지급하여 학교에서 '교육적으로 처리하도록' 강권하였다고 하나, 학생들에게 돌아가는 것은 없었다고 한다.

일본이 진주만을 습격하면서 초래된 미국과의 결전은 한반도에서의 강제 동원 양상을 변화시키는 커다란 계기가 되었다. 가장 큰 변화는 생산력확충운동과 학교총력대조직이었다. 1940년 12월에는 '국민정신총동원운동'에서 '생산력확충운동'으로 전환시켰고 본격적으로 노무동원에 집중하였다. 1941년 6월부터 오노 로쿠이치로 정무총감은 근로보국대를 항상적으로 사용할 수 있도록 조치하였다. 결국 그해 11월 21일에는 국민근로보국협력령을 공포하였고, 12월 1일부터 시행하였다. 계속되는 전쟁의 여파로 청장년층들은 각종 전쟁시설에 동원되었고, 남태평양이나 중국, 동남아시아 등으로 파견되거나 전쟁터에서 전사하기도 하였기 때문에 총독부는 부족한 일손을 여성이나 학생들을 동원하여 메꾸려고 하였다.

이에 총독부 산하에 학도동원본부를 설치하고, 각 학교에는 총력대 조직을 만들었다. 정무총감과 학무국장은 경기도, 평안도, 함경도, 강원도, 충청도, 경상도, 전라도 등 각 지역의 근로동원을 통제하였고, 해당 학교를 관할 군대가 통솔하도록 편성하였다. 학생들은 집단적으로 군사훈련을 받으면서 강제로 근로 동원하는 체제 속으로 이끌려 들어갔다. 이 체제를 더욱 공고하게 만들기 위하여, 당시 학무국에서는 학생 수를 늘리기 위한 작업에 혈안이 되었다. 이를 통해 1938년 백만 명 정도이던 학생 수가 1942년이 되면 2백만 명 이상으로 기하급수적으로 늘어난다.

백년대계를 대비해야 할 학교는 학생들의 노동력을 제공하는 '일꾼 보급소'로 전락하였다. 학교에서는 '근로가 곧 교육'이라고 호도하였다. 일제는 거짓말을 감추기 위하여 매일매일 세뇌교육을 일삼았다. 학교에 가면 황국신민의 서사를 외우게 하고, 신사참배를 하면서 일본 '천황'을 위하여 죽음까지 불사해야한다는 사상을 끊임없이 주입시켰던 것이다. 군사독재정권의 끊임없는 세뇌가 학생들의 일상을 통제하게 되었다.

이러한 조치로 각 학교의 교장이 학교 총력대의 대장이 되었고, 교사들은 중대장처럼 학생들을 통솔하여 사업장에 데려가 일하는 구조로 완전히 정착되었다. 미군의 전투기가 일본 본토와 식민지 조선, 오키나와, 남태평양 각 섬들에 폭탄을 투하하면서, 한국인들의 일상은 완전히 바뀌었다.

학생들의 삶은 두려움과 공포로 피폐해져 갔다. 동원된 학생들은 집단작업소를 이탈하기도 하고, 명령에 저항하기도 하고, 태만하게 일하는 등으로 저항하였으나, 군대와 학교 선생님들까지 가세한 집단적 지배 체제에 당해낼 재간이 없었다. 퇴학을 당하는 학생과 형무소로 끌려가는 학생들도 점차 늘어났다. 학생들은 지쳐서 무기력하게 일본의 전쟁 광분에 미래가 없는 생활 속으로 파묻혀 들어갔다.

이렇게 학생들을 일꾼으로 동원하기 위하여 일제는 조선교육령을 네 번째 개정하였다. 1943년 3월 8일 일본이 패전하기 약 2년 전에 벌어진 일이다. 교육목적을 '황국의 도(道)에 입각한 국민연성'에 둔다고 하여, 중등학교 이상 각 학교의 수업연한을 1년씩 단축하는 조치를 취했다.

2주 뒤 바로 '학도전시식량증산출동요항'을 내렸고, 학교에서는 식량증산을 하기 위한 퇴비만들기 등을 시작하였다. 조선교육령 개정은 산업적 교육이라는 허울 좋은 명목을 붙였다. 이는 전쟁에 필요한 군수산업과 식량 증산에 학생들의 노동력을 동원하고자 하는 필요에서 계획된 것이었다.

태평양 전쟁이 극에 달하던 1944년, 많은 한국인 학생들이 학도병으로 끌려가게 되었고, 노무 동원 기간은 10개월로 연장되었다. 심지어 3월 15일에 학무국장이 '학도동원 비상조치에 따른 중등학교 교육내용에 관한 조치요강'에 기초하여 중등학도 이상 학생을 1년간 계속 동원하기로 결정하였다. 학교는 교육 기능을 상실하였다. 이후에도 각종 훈련과 규정을 바꾸었으며, 10월부터는 학도동원령으로 상위 법령을 만들어 학생들을 강제 동원하였다.

급기야 1945년 3월에는 '결전교육조치요강'을 공포하여, 4월 1일부터 국민학교 초등과를 제외한 국민학교 고등과에서 대학까지 전 학교의 수업을 정지하고 국민근로동원령의 적용에 맞추어 모든 학생을 총동원하였던 것이다. 4학년 이상이라고 되어 있지만, 당시 부산일보의 기사를 보면, 실제로는 1학년 학생들까지 동원했다는 것을 알 수 있다. 기사에 따르면 사하 국민 학교와 경남 지역 국민 학교 1학년과 2학년 학생들이 퇴비증산에 동원되었던 것이다.

이렇게 일본정부는 자국의 이익과 생명선을 지키기 위해, 국가총동원법과 조선교육령을 활용하여 거의 모든 학생들을 노예와 같은 일꾼으로 전락시켰다. 식민지 치하에서 한국인들은 철저하게 그들의 법 체계 속에서 강제 동원 당한 것이다. 그러므로 최근까지 식민지 조선에서 자행한 노무동원이 강제 동원이 아니었다는 일본 정부 측의 주장은 거짓이라는 것을 알 수 있다.

4장
ILO 국제법 위반과 학생 강제동원 기구

1. ILO국제법을 위반한 일본정부

일제가 단행한 식민지 사람들의 강제동원은 노동력을 임금을 주고 사는 자본주의 질서를 교란시키는 것인데, 한국의 학생들을 강제 동원한 것은 당시 국제적으로 협약한 학생 강제 노동 금지 조항을 정면으로 위반한 것이었다. 그 위반한 중심법은 1938년 식민지 조선에 시행한 국가총동원법과 학생을 동원하기 위해 개정한 제3차, 제4차 조선교육령이다.

국제법을 위반하였다고 하는 근거는 국제노동기구(International Labour Organization, 이하 ILO)의 학생강제노동 금지조항이다. ILO는 누가 무슨 연유로 만들게 되었고, 이 기구에서는 어떻게 강제 노동 금지 조항을 국제적으로 협약하였는지 살펴보자. 지금까지 학생 강제 노동이 이러한 국제법을 위반한 것이라는 인식조차 없었기 때문에 그 추이에 대하여 살펴보는 것은 당시의 상황을 이해

하는데 많은 도움이 될 것이다.

먼저 ILO가 만들어진 것은 러시아혁명이 발생하여 사회주의가 식민지 여러 나라에 커다란 영향을 미치게 된 것과 각국의 노동운동이 격렬하게 전개된 것과 관련이 있다. 당시 러시아혁명의 영향으로 우리나라에서도 조선총독부의 무단 지배에 반대하여 온 국민들이 거대한 3.1운동에 참여하기 시작한 직후였다.

그해 4월 스위스의 제네바에서는 영국, 미국, 프랑스 등 46개국이 모였다. 그들은 17세기 이래 추진해 온 산업화 과정에서 여러 가지 노동문제와 자본주의 모순에 대한 해결책이 있어야 한다는 인식을 같이하였고, 사회 운동가들이 국제적 차원에서 노동자를 보호해야 한다는 운동을 벌였기 때문에 나타난 현상이었다. 러시아혁명으로 사회주의가 식민지에 강한 영향을 미치고 있는 상황에서, 국제적 협조를 통하여 노동자의 권리를 보호해야 한다는 인식이 전반적으로 퍼져갔다.

이러한 인식은 제1차 세계대전을 갈무리하는 파리 강화 회의에서 거론되어, 회의에 참여한 각국은 국제 연맹의 자매 기관으로서 국제 노동 기구를 설립할 것을 합의하였다. 이것은 베르사유조약(Treaty of Versailles) 등의 강화 조약 제13편 노동에 약관 PART ⅩⅢ Labour으로 기재되었다. 국제노동기구의 목적은 헌장의 전문에 나타나는데, "세계의 항구적 평화는 사회정의에 기초함으로써만 확립될 수 있다……"는 것이다.(국제노동기구헌장)

여기에는 영국, 프랑스 등 유럽 여러 나라와 미국, 소련, 일본

등 세계 159개국이 18세 미만의 미성년자나 학생들에 대한 강제 근로동원 금지에 대하여 문제의식을 공유하였다. 국제노동기구 총회는, 국제노동기구 사무국 이사회가 1930년 6월 10일 제네바에 소집한 제14차 회의에서, 회기 의사일정의 첫 번째 의제인 강제근로에 관한 제안을 채택하기로 결정하고, 이 제안이 국제협약의 형식을 취할 것을 결의하여, 1930년 6월 28일에 강제근로 협약을 채택하였다.

ILO는 1930년 제29호 강제 근로에 대한 폐지를 목적으로 노동에 관한 협약을 이끌어낸다. 가장 중요한 내용은 미성년자나 학생들에 대한 강제 동원을 폐지한다는 것이다. 다만, 18세 이상 45세 이하의 성년들에 대한 강제 동원을 할 수 있다는 조항이 남아있는 것은 현재의 관점으로 보면, 이 법의 한계라고 할 수 있다.

ILO에서 말하는 강제근로라 함은 처벌의 위협 하에서 강요받거나 임의로 제공하는 것이 아닌 모든 노무로서, 의무 군복무, 공민으로서의 특정의무, 교도소내 강제근로, 비상시 강제근로, 소규모 공동체 노무는 해당하지 않는다. 그 요점은 '강제근로의 불법적인 강요는 형사 범죄로 처벌되어야 한다'는 것이다.

제1조 제1항을 보면, 이 협약을 비준하는 국제노동기구 회원국은 가능한 한 조기에 모든 형태의 강제근로 사용을 폐지한다. 제2항에는 강제근로의 완전한 폐지를 위하여 강제근로는 경과기간 동안 공익의 목적을 위해서만, 또한 예외적 조치로서 사용될 수 있으며, 다음에서 규정하는 조건 및 보장사항을 준수하여야 한

다고 되어 있다. 효력 발생 후 5년 기간 만료 시기에 강제근로 문제를 총회 의제로 채택할 것인지에 대해 숙고하도록 했다.

ILO는 추정연령이 18세 이상 45세 이하인 건장한 성인남자만을 강제근로에 징집할 수 있으며, 제11조의 (나)항에는 '학교 교사 및 학생, 행정관청의 직원을 강제 근로에서 제외해야한다'고 규정하고 있다.

이러한 규정은 1932년 5월 1일 159개국이 비준하였으며 일본도 비준에 동참하였다. 이처럼 일본도 강제 근로 동원을 금지하는 국제법에 비준했으면서 표리부동하게 실질적으로는 18세 미만 학생들까지 강제 동원하는 불법을 자행하였다.

국제조약을 비준하고 6년이 되지 않아, 일본정부는 중일전쟁을 치르게 되었고, 이후 아시아태평양전쟁까지 확대하는 과정에서 가장 밑바닥에 있던 힘없는 학생들을 강제 동원하여 희생시키는 구조를 만들었다. 특히 모든 국가들이 약속을 한 것은 학생들과 교사들을 강제 동원시키지 말자고 한 것이었는데, 그것마저 무시하고 1, 2학년 어린 초등학교 학생까지 동원하는 몰염치한 인륜에 반하는 행동을 하였던 것이다.

일본정부는 제4차 조선교육령을 개정하여 수업을 전폐하고 초등학생들까지 총동원하고 있을 때, ILO는 1944년 5월 10일 '국제 노동 기구의 목적에 관한 선언' 즉 필라델피아 선언을 채택하였다.

· 노동은 상품이 아니다.

· 표현 및 결사의 자유는 계속된 발전을 위해 제약할 수 없다

· 일부의 빈곤은 전체의 번영을 위험하게 한다.

· 결핍과의 전쟁은 각국 안에서는 불굴의 의지로, 노동자
  및 사용자의 대표는 정부 대표자와 동등한 지위에서 일반
  복지를 증진하기 위해 자유로운 토론과 민주적인 결정에
  함께 참여하고, 지속적이고 협조적인 국제적인 노력에 따
  라 수행할 필요가 있다.

이러한 국제협약을 선언하였지만, 식민지 한국인들에게는 전
혀 도움이 되지 않았다. 독일과 일본 등은 국제법을 준수하지 않
았다. 독일의 나치는 프랑스, 폴란드 등 유럽 각국을 침략하였으
며, 유태인을 강제노동수용소에 처넣어 강제 동원하였다. 그리고
일본정부는 식민지에서 한국인을 초등학교 학생까지 노무 동원
하였다. 미국과 영국이 제2차 세계대전에 참전하자, 일본은 싱가
포르, 인도네시아, 사이판, 괌 등 태평양 섬에 수십 개의 군사기지
를 만드는데 필요한 물자와 인력을 식민지와 점령지에서 조달하
려고 하였다. 한국인들은 이 전쟁의 가장 밑바닥에서 희생당하고
있었던 것이다.

2. 조선교육령과 학생 강제동원 기구

국제법을 위반하면서 일제는 조선교육령을 개정하고 학생을 강제동원 하기 위한 기구를 마련하였다. 학생 강제동원 시스템을 파악하기 위해서는 일제의 교육정책을 먼저 이해해야 한다. 일제 강점기 조선교육령은 공포된 시점을 기준으로 구분하면 다음과 같다. 제1차 식민지 교육의 토대를 세우는 시기, 제2차 문화통치로의 전환 가운데 나온 방안, 제3차 중일전쟁의 발발. 내선일체를 통해 전시체제의 기반을 구축하기 위한 것, 제4차 태평양전쟁 이후 군사 목적에서 개정이다. 전쟁 말기에는 교육을 포기하고 전시체제를 지원하기 위해 교육 현장을 이용하였다.

총동원과 관련된 것은 1938년부터 1943년까지 제3차 교육령과 1943년부터 1945년까지 제4차 교육령이 해당된다. 이 시기 일제의 식민교육 방침은 이른바 '황국신민'을 만들기 위하여 국체명징(國體明徵), 내선일체(內鮮一體), 인고단련(忍苦鍛鍊)을 한다는 것이다. 제3차 조선교육령의 학제 개정안 내용은 이러한 맥락 하에 이행하고 있었다. 3차 개정에서 학생 동원과 관련하여 가장 중요한 포인트는 근로일수를 '30일 이내로 제한한다'는 규정을 넣음으로서, 제한한다는 문구가 있지만, 실제로는 학생들에게 강제 근로를 시킬 수 있는 방안을 마련하였다는 점이다.

이 규정은 얼마 지나지 않아 60일 이내로 기간을 늘렸고, 나아가서 수업을 전폐하는 방향으로 전환하였다. 이것은 일제의 진주만 공습으로 인해 미국이 참전함에 따라 전쟁의 양상이 현격하게 변화하였기 때문이다. 제4차 조선교육령은 바로 이러한 시기에 공포되었다. 제4차 조선교육령의 목표는 '황국의 도(道)에 기초한 국민성을 갈고 닦는 연성과 학교의 병영화'였다.

이렇게 학교는 군대의 보조기관으로 전락하였으며, 전체주의적·군사주의적 국가주의적 교육이 강제적으로 추진되었다. 당시 학교에서는 '근로봉사가 곧 교육'이라는 말을 되내이면서 수업시간을 활용하여 학생들을 식량증산과 무기생산, 도로공사, 비행장 격납고 건설, 동굴대피시설 등을 건설하는 일군으로 활용하였다.

일제는 국민총동원법을 기반으로 1938년부터 학생근로동원을 위한 장치를 마련하였다. 당시 중등학교 이상에 다니는 학생들은 사회의 모순에 저항하였고 독립운동으로 연계해가는 지식인들이 많았다. 그들은 기록을 남겼으며, 그 기록을 통해 당시 모습들을 상당히 유추할 수 있다. 또한 현재까지 그 명맥을 이어져 오고 있는 유수의 명문학교에서 남긴 많은 학교의 기록들은 아시아태평양전쟁기 부역에 끌려갔을 때의 처참한 모습을 상세히 묘사하고 있다.

일제는 중일전쟁을 시작하면서 한반도에 있는 학생들을 강제로 동원하기 위한 조직을 만들었다.

조선총독부 학도동원본부의 조직표는 다음과 같다.

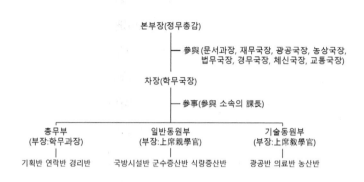

그림 4 | 조선총독부 학도동원본부 기구
「朝鮮總督府學徒動員本部規程」『文敎の朝鮮』222, 1944.5

이렇게 총독부 정무총감 오노 로쿠이치로를 수장으로 하고, 각 과장이 참여(參與)라는 직책을 맡았으며, 실제 업무를 주도하고 있는 것은 학무국장이었다. 학무국장 아래 각 과장이 참사로 종사하였다. 조직은 총무과, 일반동원부, 기술동원부로 나누어 각각 총무과장, 상급시학관, 상급장학관이 책임을 맡았다. 각급 학교는 학교장이 분대장이 되어 동원업무에 따라 일반동원부나 기술동원부의 지시를 받았다. 대구에는 경상북도 학도동원 본부를 설치하였다.

동원 방식은 철저하게 상명하달식이었으며, 학교장은 다시 자신들의 학교에 필요한 업무를 교사들과 학생들에게 시켰다. 당시 학교 내외의 시설 정비나 국민 생활을 위한 근로작업도 있었지만,

비행장건설, 도로확장, 송탄유 채취 등 전쟁을 위해 시행한 근로 작업이 많았다. 이는 대구가 군사요충지였기 때문에 전쟁에 쓰일 시설에 학도들을 노동력 도구로 동원하였다는 것을 말해준다.

또한 총독부는 학생들을 정신적으로 세뇌시키기 위해, 이른바 황국(皇國)신민화(臣民化)의 이데올로기적인 집단훈련 행사에 동원하였다. 학교를 가지 않아도 되는 각종 기념일과 제일(祭日)에는 대외행사를 협조한다는 명목으로 동원하였다. 그리고 전쟁에 대한 분위기와 전의(戰意)를 북돋운다는 명목으로 집합시켰다. 오노 정무총감을 중심으로 학교별 강제동원 방침과 동원기간, 출동장소를 구체적으로 지정하였다. 전국적인 차원에서 각 지역별, 학교별 학도 동원기준, 동원방식과 작업 종류 및 시간, 작업동원 인원 등에 대하여 기준을 마련하였다. 일반작업과 특수단체 및 사업소 관계 작업으로 나누었다.

학생들의 근로 작업 중에 가장 빈번하고 대규모로 전개된 것은 식량 증산 활동이었다. 3월~4월 봄이 되면, 보리밭에 잡초를 뽑거나 목화 파종을 하였다. 4월부터 6월까지는 논에 나가 못자리를 관리하고, 뽕나무에 해충약을 뿌리고, 보리밭에 나가 피를 뽑고 보리를 수확하는 일을 하였다. 7월부터 9월 여름이 되면, 모내기한 논에 가서 농약을 살포하고 제초 작업과 피를 뽑는 작업을 하였다. 그리고 목화밭에 나가 제초 작업과 순자르기를 하였다. 가을이 되면 10월부터 11월까지 건초를 쌓고, 벼를 베어 수확하고, 또 보리를 파종하였다.

특수단체 및 사업소 관계 작업은 훨씬 다종다양하였다. 사방공사(3월~8월), 종자채취(9월~10월), 콘크리트용 모래채집(6월~8월), 기세(磯洗), 선양(船揚)(6월 하순~8월 하순)을 하였고, 여학생들은 탁아소 보모(10월 하순~11월 상순)가 되기도 하고, 공동취사 심부름(6월 중순~11월 상순)까지 담당하였다. 콘크리트용 모래채집은 수리조합 소재 면내 국민학교를 대상으로 실시하도록 기준을 정하였다.

학생들은 이렇게 많은 일들을 담당하여 전시체제의 물자 수급과 인력 공급의 희생양이 되었다. 당시 대구에 있던 전문학교는 대구의학전문학교, 대구사범학교, 대구농림학교 등 3곳이었다. 이 학교들은 해방 이후 설립된 국립 경북대학교의 모태가 되었다.

중고등학교 이상 학교는 13개를 들 수 있다. 계성학교(현재 계성중고등학교), 신명여학교(신명여자고등학교), 대구공립농림학교(대구자연과학고), 관립대구고등보통학교(경북중고등학교), 대구공립고등여학교(경북여자중고등학교), 교남학원(대륜중고등학교), 대구중학교, 대구공립상업학교(대구상원고), 대구공립공업보습학교(대구공업고), 대구공립여자고등보통학교, 대구실수학원(영남중고등학교), 오산불교학교(능인중고등학교), 대구남산여학교(대구남산여자중고등학교) 등이다.

1944년이 되면 일제는 초등학생들까지도 동원하여 볏짚을 나르게 하고, 청소하는 일 등을 시켰다. 그 사례로 당시 신문을 보면 초등학생들에게 경쟁을 시켜 상을 주면서 일을 하도록 독려하였다.

5장
대구의 전쟁시설과 노무수요

1. 대구 시가지계획의 군사성

한반도 내 물자와 인력 강제 동원은 일본 내각과 군부의 15년에 걸친 아시아태평양전쟁과 밀접하게 연관되어 있다. 일본 내각과 군부는 1931년부터 만주, 중국, 남양, 미크로네시아까지 세력권을 확대하였고, 전쟁에서 한반도의 대륙병참기지를 주요한 거점으로 활용하였다.

일제는 대륙병참기지를 만드는 수단으로 1934년 조선시가지계획령이라는 제령을 발효하여 활용하였다. 도시계획이라는 것은 그곳에 사는 사람의 수요를 충족하고 살기 좋은 도시를 만드는 복지를 위하여 실시하는 것이 일반적이다. 우리나라에서는 대한제국기에 고종이 수도 서울(당시 한성)의 도시계획을 추진하다가 나라를 잃고 실패한 바 있다.

일제는 '주민의 복지를 위한다'고 써놓고, 오직 '그들의 영토를 확장하기 위한 전쟁을 위해' 일본인 중심의 시가지를 만들고 군사적인 거점을 정비하고 도로를 만드는데 급급하였다는 사실을 주지할 필요가 있다.

조선에 실시된 시가지계획령은 식민지와 일본 본토의 중층적인 결재구조를 통해 만들어졌다. 그것은 식민지에서는 법률을 만드는 기능이 없기 때문이다. 그래서 조선 총독이 초안을 만들어 일본 본토의 척무성을 통해 일본내각의 재가를 거쳐 1934년 8월에 제령으로 공포되었다. 이렇게 하여, 종래 제한적으로 실시하던 도시 개발 지역을 확대한 것이다.

우가키(宇垣) 총독의 초기 계획령의 주요 포인트는 중국을 침략하기 위한 루트로서 쓰루가(敦賀)-나진-하얼빈을 잇는 해양루트를 만드는 것이었고, 시모노세키(下關)-신의주-다롄(大連)을 잇는 육상루트를 확대·재정비하는 것이다.

나진개발에 착수했을 때 우가키는 일본 본토로 떠나고, 1936년 8월 미나미 지로(南次郎)가 조선총독으로 부임하였다. 그는 도시계획과 공업화를 통한 군수기지 건설을 적극적으로 추진했고, 전쟁을 위한 군수물자 동원 체제를 구축하려 했다. 이러한 군수체제를 구축하기 위해서는 막대한 재원이 필요하였는데, 대부분이 노동력에 드는 임금을 지불해야 했다. 하지만 일제는 노동력을 무상으로 쓰기 위하여 1938년 5월부터 국가총동원령을 조선에도 적용하여, 식민지에서 노동력을 강제동원 하였다.

조선시가지계획령은 일본 본토와 만주, 중국을 아우르는 국방 국토계획의 일환으로 추진된 것이다. 하지만, 일본 내각 내의 정치적 갈등에 따라 일본에서는 잠정적으로 보류되었고, 식민지나, 점령지의 군사거점 개발에만 실시되었던 것이다.

조선에 전쟁 시설을 만드는데 더욱 집중하려는 일본정부의 의도는 진주만을 공습하기 직전인 1940년 11월 29일 조선시가지계획령을 개정하는 것으로 나타났다. 그것은 보안과 방공(防空)을 주요 골자로 하는 것이었다.

그리고 미국이 전쟁에 참전하고 러시아가 북방을 위협하게 되자, 조선군과 군사기지의 역할도 북방 수비 위주에서 남태평양 전선과 일본 본토 지원을 위한 후방 수비까지 양 방향으로 재정비하게 되었다. 특히 일본 본토가 위험해지면서, 조선 남부지역은 후방기지로 지정되어 기지 건설에 더욱 박차를 가하게 되었다.

이러한 배경 하에서 나진, 서울, 부산은 물론 전통 도시 대구까지 식민도시화 작업을 본격적으로 추진하였던 것이다. 현재의 중구 중심으로 시가지가 형성되던 것에서, 점차 남구와 북구, 동구로 대구부의 영역을 확대하고자 하였다. 구체적으로 보면, 대구역에서 남구의 육군보병제80연대 군사기지를 연결하기 위한 도로망 확대 공사를 실시하였고, 북구의 침산동, 원대동 등의 주택지와 공단 형성을 위한 토지정비 계획 실시ο, 동구의 동촌 대구비행장 확대와 대구역을 연결하는 도로공사, 교량공사 등이 이때 추진되었다. 이에 따라 이와 관련된 노무수요가 급격하게 늘어났던 것이다.

총독부가 대구를 전략적으로 개발한 이유는, 이곳이 전국 3대시장이 있었던 전통적인 주요 거점도시로서, 임진왜란 이래로 군사적 요충지이기 때문이다. 현재도 K2가 대구에 설치되어 있는 것도 바로 이러한 전략적 중요성에 따른 것이다. 그리고 이곳의 지리적·경제적 특성 때문에 섬유산업과 광물 산업 등 군수물자와 관련된 상공업지구로 변화하는 계기가 되었던 것이다.

조선총독부와 본토의 육군성은 이 시가지계획령에 기반하여 대구의 군사적 거점 기능을 더욱 극대화하고자 하였다. 실제로 1936년 이후 육군성에서는 대구도시계획에 따른 군용지로 바꾸고 도로망 개량 사업과 확대사업을 전개하였다.

그리고 1937년 1월 29일 제3회 시가지계획위원회는 제7호, 8호, 9호로 토지구획 결정 사안을 의결했다. 대구에 시가지 계획이 필요한 공식적인 이유는 영남의 주요 거점으로서 지방정치의 중심지이고 행정·군사·산업·경제의 중심이기 때문이다.

1938년 대구시가지계획을 기획할 때는 1965년 인구를 예상하여, 대구부를 중심으로 남북으로 확대할 예정이었다. 북쪽으로는 성북면 2개 동과 남쪽으로는 달성면 7개동, 수성면 13개 동을 합쳐 모두 1면 22개 동을 시가지계획구역으로 결정하여 대구부를 확대하고 가로망을 대대적으로 건설하려는 계획이었다. 하지만 태평양전쟁으로 전쟁이 확대되어 가면서, 동촌 비행장 건설 공사와 도로공사, 남쪽 방면의 육군보병제80연대의 도로 확장, 비행장 확대 등 전쟁 시설 설치를 중심으로 변화하였다.

원래 대구부가 추진하려던 가로망 계획의 주요 포인트는 당시

인력거와 수레가 점차 감소하였으므로, 자동차 전용노선을 안전 폭 3미터로 규정하는 것이었다. 주요 노선의 차도는 최소 폭을 20미터로 규정하였다. 그 외 전봇대와 가로수 등에 필요한 면적을 별도로 1미터, 1.5미터로 정했다. 대표적으로 대로는 제1류라 하였고 폭 35미터, 길이 1,200미터로 정했다. 대로는 1등 도로이며, 서울(당시 경성) 방면과 부산선을 잇는 도로로서, 기점이 서울, 부산선 달성전 건널목이고, 종점은 침산남록 성북면 침산동, 대구역 서단금정 북쪽 건널목이었다.

주요 통과 정차장은 달서면 원대동, 칠성정 등이다. 1939년 8월 3일 조선시가지계획령 제3조 제3항의 규정에 따라 대구시가지계획사업 제1토지 구획정리의 실시계획을 인가하고, 1941년 1월 27일 대구 시가지 계획 가로사업을 실시하였다.

1938년 이후 대구 도시계획의 가장 큰 특징은 종래 도심 외곽에 공업지구와 주택지구를 조성하여 대구군사 항공수송로와 연결해 군수기지로 활용하려는 것이다. 1938년부터 대구부가 검토한 대구시가지계획 내용은 총독부 본부 육군 등과의 조정을 거쳐, 1940년 7월 22일에 조선 총독 미나미 지로(南次郎)의 명의로 조선 총독부 고시 제765호로 공표하였다. 대구부의 시가지계획 구역 가로망 공업지구, 주택지구 등을 계획하여 인가하였다.

이에 따라 대구역에서 대봉동에 있는 육군보병제80연대까지 도로를 확장하고(지금의 캠프헨리, 캠프워커부대), 대구역에서 침산동 쪽으로 도로를 개량하고 아양교를 지나 동촌의 대구비행장까지 연결하는 도로를 확장하는 공사를 최우선으로 추진하였다. 하지만 전쟁이 장기화되자 완벽하게 실시되지 못하였고, 필요한 공사마저도 약 70~80% 정도에 그쳤다고 한다.

당시 대구의 도시계획과 관련하여 무엇보다 주목되는 것은 대구비행장 노선 도로를 설계하고 추진한 것이다. 육군성의 요청에 따라 경북도로 관리사업소에서 대구비행장 노선 확장에 대하여 설계 추진하였으며 총독부가 각도를 통합하여 관리하였다.

이러한 조치는 항공전으로 전투방식이 본격적으로 변화하게 되면서 전투기 왕래와 군수물자를 조달을 신속하게 하기 위한 것이었다. 이러한 배경으로 대구비행장은 전투비행장으로 확대 개편되었다. 대구비행장이 만들어지고 약 100년 동안 대구는 군사적 전략적 요충지로 기능하고 있다. 현재도 경북대에서 수업을 하면 전투기의 커다란 굉음으로 인해 다 지나갈 때까지 수업을 멈출 수밖에 없다. 이때 만들어진 대구의 군사적 특성은 현재까지도 이어지고 있다.

주목할 점은 한반도 남부지역이 일본 본토의 후방 병참기지로서 중요한 거점이 되었다는 것이다. 대구에는 항공기와 관련된 정비와 수리가 주요 업무인 야쓰야(八谷) 항공주식회사 등이 만들어졌으며, 수류탄이나 탄알을 만드는 기계기구 철공소, 석탄이나 광물을 산출하는 광산 등에서 노무 수요가 창출되었다.

그런데 이러한 노무 수요 창출이 청년들의 취업으로 이어져야 하지만, 총독부 당국은 학생들을 '일꾼'으로 강제 동원하여 '무료'

로 군수에 필요한 노무 수요를 충당했을 뿐이다.

이러한 학생 강제 동원은 일제 말에 더욱 강화되었다. 1944년 2월 25일 일본 내각은 결전비상조치요강을 만들고, 3월 18일에 「학도동원비상조치요강에 관한 건 통첩」을 학교에 보내 시행하였다. 이 조치 이후, 학생들은 거의 수업을 전폐하고, 일제의 군사 시설인 대구항공기지 건설 공사와 도로 확충 사업 등에 동원되었으며, 식량생산을 위해 농장으로 가 논매기, 피 뽑기, 벼 베기 등을 하였다.

그림 5 | 도로 공사에 동원된 학생들

이러한 학생들의 희생을 바탕으로, 1940년 일본육군은 오쓰키(小月)를 기점으로 대구를 종점으로 하는 1시간 10분 소요되는 항공수송을 매일 왕복할 수 있게 되었다.

학생들을 근로 동원할 때는 경북근로학도본부와 군부대가 통

일제의 전쟁과 학생 강제동원

솔하는 체제를 갖추었다. 대구에서는 경북근로학도본부가 만들어져, 지역의 학생들을 통솔하였고, 육군보병제80연대와 경북방위군제24부대가 학교근로대를 거느리고 학생들을 통솔하였다. 1944년 4월 이후부터는 80연대가 동부 뉴기니아로 파견을 가면서 대구사관구 사령부에서 학생들의 군사집체 훈련과 통솔 임무를 담당하였다.

이렇게 도시계획의 도로망을 정비하는 작업과 항공기지를 확대하는 작업은 노무자들이 노동력의 대가를 받고 해야 하는 일이지만, 국민개로 정책과 학도동원령에 따라 학도근로동원본부는 학교의 학생들을 강제 동원하여 추진하였다. 이러한 사실은 일본 정부가 1932년 효력이 발생한 ILO 제11조 학교의 학생들은 강제 근로 동원할 수 없다는 국제법을 완전히 위반한 것을 말해준다.

2. 대구 군부대의 변화와 전쟁시설 공수

2.1 육군보병제80연대·경북방위군제24부대(1945.4월 이전)

육군보병제80연대는 총독부가 설치된 이후 대구에 영천, 포항, 부산, 마산 등을 관할하는 남부지역의 중심 군사기지로 설치되었다. 임진왜란 시기에도 대구는 일본의 병참기지로 활용되었고, 이후 상주에 있던 경상감영이 대구로 옮겨져 왔기때문에 대구는 남부지역의 중요한 정치 경제 군사의 중심지로 기능하였다. 청일전쟁과 러일전쟁 시기에는 일본이 병참기지로 활용한 곳이다.

한국이 완전히 강제 병합되어 조선총독부가 설치되기 이전에는 통감부가 컨트롤 타워 역할을 하였다. 통감부는 을사늑약 이후 1904년 7월 처음으로 대구에 1소대의 주둔군을 설치하고, 8월에는 중대를 배치하였다. 이어서 제14연대 및 제10중대 본부를 대구에 설치하고, 1904년 이래로 의병들의 근거지를 완전히 없애기 위한 이른바 '남한 폭도토벌' 작전의 책원지로 활용하였다. 1907년 의병전쟁이 시작되자 의병을 토벌하기 위하여 제12여단을 파견하였고 대구에는 사령부를 설치하였다. 이후 대구헌병대와 육군부대를 위한 대구위수(衛戍)병원 등을 편성하였다.

그 후 2년 뒤, 1909년 7월 제2여단은 귀환하고 새로 임시 조선파견대사령부를 설치하였다. 이 임시 사령부의 설치 부속으로, 보병 제2연대본부 및 보병 제3연대 제3대대 본부를 설치하였다. 그외 1908년 10월 대구위수병원의 전신인 경성위수병원 대구분원을 배치하여 일본이 한국을 강제 병합하기 이전에 대구는 이미 일제의 군사도시로서 중요한 위치를 차지하게 된다.

한국을 강제 병합한 이후 1915년 6월에 제국회의의 중심 문제였던 조선 2개 사단증설 논의가 마무리되어 대구의 일본인을 중심으로 한 지역 유지들은 당시 데라우치 조선총독에게 병영 설치 청원서를 제출하였다. 이와 동시에 대구여단설치기성회를 조직하고 대구상업회의소 내에 사무소를 설치하고 경비를 마련하였다. 이러한 활동 결과, 1916년 4월 25일 육군보병제80연대를 대구에 설치하였던 것이다.

　1921년 이천동에 일본제국육군의 대구지역 사령부를 설치하였으며, 1936년부터 1942년까지 조선총독 미나미 지로의 지휘 통제를 받았다. 이후 고이소 구니아키(小磯國昭) 총독 시기 제2차 세계대전 상황에서 연합군의 한반도 상륙에 대비한 군사작전 수행을 위해 경북방위군제24부대로 개편하였다.

　육군보병80연대는 1943년에 동부 뉴기니 전선으로 차출된다. 그 이전까지 대구의 중등학교, 전문학교 학생들의 교련을 맡아 통솔하였으며, 뉴기니로 차출된 이후에는 호주군과 전투를 하는 도중에 약 5천명의 병사가 대부분 사망하게 되었다. 여기에 징집되어간 한국인들도 포함되어 있으나, 아직 사실 규명이 되지 않은 상태이다.

　이 80연대에는 많은 한국인들이 군인, 군속으로 강제 동원되었으며, 대구중학교, 대구사범학교 등 주변의 학생들이 수시로 군인들을 위한 식량 조달과 도로 정비 등에 동원되었다. 이 외에도 한국인들은 대구육군병원, 대구제24부대, 대구출장소, 조선 대도세 육군비행기 대구교육대, 동촌면 입석동, 육군 대구기상관측소, 일본대판육군항공보급창 경성지창 대구출장소, 조선육군창고 대구출장소 등 군사 시설 등에 동원되었다. 이 지역 한국인들은 해외로까지 동원되었는데, 중국 남지나해, 일본의 북방, 오키나와 등 일이 필요한 곳이면 어디든지 동원되었다.

2.2. 1945년 4월 이후 대구사관구의 전쟁시설

1945년 4월 이후 일본 육군성은 한반도 남부지역에 조선 남선 제17방면군 대구사관구를 편성하였다. 대구사관구는 경상북도뿐만 아니라, 부산, 마산 등 남해까지 통솔하였다. 대구군사관구의 육군 후방병참기지로서의 역할은 더욱 막중해졌다. 이에 따라 많은 부대가 대구로 들어오게 되었고, 각종 출장소가 대구에 설치되었다.

대구사관구는 대구 일대는 물론 부산의 부산육군병참부, 부산

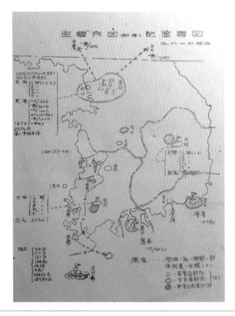

그림 6 | 육군성의 조선남부 부대배치와 대구사관구 관할지구
陸軍省『南朝鮮主要兵團配置要圖』, 1945

일제의 전쟁과 학생 강제동원

지구 사령부를 관할하였고, 마산, 경주, 포항, 울릉도, 왜관 고사포대 등 광범위한 지역을 통괄하였다. 대구에는 남부일대를 관할하기 위하여 많은 군사시설이 설치되었다. 육군 보병, 특설경비대, 포병과 공병보충대, 경비대대, 특설경비공병대, 대구육군 구금소, 대구육군 병참부, 대구지구 사령부, 대구육군병원 등이 배치되었다.

한편 항공전이 중요해짐에 따라 남부지역에도 항공기지가 만들어졌으며, 대구에는 1935년 8월 무렵 대구비행장 설치가 거의 확정되었다. 총경비 약 26만원에 14만 평 정도의 부지로 건설하려는 계획을 세워 1937년 1월 31일 대구비행장을 개장했다. 이와 연관하여 대구항공무전국 발신소 및 수신소의 건설도 추진되었다. 대구비행장은 특히 일본의 오쓰키(小月)와 연결하기 위한 것이었고, 대구-오쓰키항공노선은 전투기 왕래와 수송항로 기능을 수행하여 대구사관구의 군사적 역할은 더욱 중요해졌다.

일본은 진주만 공격으로 미국에 선전포고를 하였고, 미국과 영국 등이 참전하면서 제17방면군 가운데에도 많은 부대가 대구에 편성되었다. 1941년 7월에 제62병참지구대 본부와 독립치중 제74중대가 대구에 설치되었다. 1943년 7월에는 독립치중 제72중대, 8월에 제12야전 수송 사령부가 배치되었다.

더욱이 1945년 초반부터 연합군이 일본 본토를 집중적으로 공략하자, 부산과 제주 일대에는 많은 부대가 설치되었고, 대구 또한 후방을 지키는 군사와 군수의 거점으로서 더욱 많은 부대가 편성되었다. 3월에 대구지구 헌병대, 독립철도 제12대대가 배치되었고, 7월과 8월에는 보병제 363연대, 제320사단 야전병원, 제320사단 치중대가 편성되었다. 이에 따라 대구사관구에는 약 1,500명의 군인, 군속이 동원되었다.

1945년 5월 이후에는 태평양 전선에서 일본이 잇따른 패배를 하게 되었고, 일본 본토를 미군이 폭격하게 되자, 한반도 남부지역은 더욱 중요시되었다. 남부일대는 그야말로 일본의 '생명선'으로서의 역할을 해야 했다. 이때 부산요새사관구를 대구사관구로부터 분리하여, 부산요새사령부를 비롯하여 중포병부대, 독립치중대 등 약 20개에 달하는 군 부대를 부산 일대로 배치하게 되었다.

2.3. 동촌 대구항공기지의 도로 및 확장공사

대구의 주요 군사 시설인 대구항공기지와 연결하는 도로공사는 1926년부터 조선총독부·경상북도에 의해 추진되었다. 이 사실은 국가기록원에 소장되어 있는 기록을 통해 알 수 있는데, 당시 총독부 토목과 행정계가 대구역에서부터 동촌 대구비행장까지 2등 도로 지정개발에 관한 정책을 수립한 것에서 알 수 있다.

그리고 1934년 조선 시가지계획령 발효 후 총독부는 남부지역의 비행장 노선을 중심으로 주요 거점을 연결하는 사업을 적극적으로 추진하였다. 이 시기에 동촌비행장 도로공사가 실시되었으며, 1936년 대구비행장선 개수공사를 시작하였다.

이후 1937년 1월 26일 동촌에 대구비행장을 개장하였다. 당시 총독부는 10만 여 평의 토지를 강제 수용하였다. 이렇게되자 이곳에 살던 주민들은 자신들의 터전에서 내몰리게 되었다. 그해 1월 29일 제3회 시가지계획위원회에서는 인구 35만 명(1965년 기준)을 기준으로 시가지계획 구역·도로망·구획정리구간을 결정하였다.

1941년 이후 미국이 참전하면서 대구부·조선총독부·육군성은 대구 시가지계획 원안을 전쟁에 필요한 군사적 가로망 설치와 비행장을 긴급히 확대하는 것으로 변경하였다.

당시 한반도 남부에 설치된 22개 항공부대 중 10개가 경상도에 설치되었다. 대구항공기지는 오쓰키항공기지와 연결하는 것으로서, 1940년부터 육군성 항공수송 계획을 수립하여 개통하였다. 1945년 2월부터 대구사관구 사령부와 대구항공부대는 부산, 포항, 울산, 김천, 금호, 진주, 사천 등의 군사기지·항공부대와 연결하였다.

이렇게 아시아태평양전쟁기 대구부, 조선총독부, 육군성은 대구도시계획으로서, 시가지 구획을 통제하고, 군사병참 도로망과 군사적 항공수송 노선을 전략적으로 추진하였다. 특히 육군성의 요청에 따라 경북도로관리사업소에서 대구비행장 노선을 설계 추진하였으며 총독부가 각도를 통합하여 관리하였다는 점에서 대구 도시계획과 군사적 성격이 밀접하게 전개되었다는 것을 알수 있다. 이와 동시에 도로 및 확장 공사를 추진할 경우 학생들이 강제 동원되었다는 것을 다음 장을 통해 알 수 있다.

3. 대구 군수공장과 달성광산

3.1. 대구지역 군수물자 동원 기업들

다음으로는 대구지역에 산재해있는 군수 물자를 조달하는 기업에 동원된 케이스이다. 이 공장으로 얼마나 많은 사람들이 어떠한 경로로 동원되었는지 그 정보가 턱없이 부족하다. 최근에 계성학교의 당직일지를 발견하였는데, 이 자료를 보면 학생들이 조선방직 대구조면공장에 거의 매일 교사의 인솔 하에 동원되었다는 사실을 알 수 있다. 그외 당시 강제동원된 학생의 학교사 기록을 통해 파악할 수 있다.

그리고 학생들이 반드시 동원된 곳이라고 할 수는 없지만, 대구에서 군수물자 조달을 위해 동원된 기업을 국가기록원이 소장하고 있는 임시군속계명부를 통해 알 수 있었다. 기업에 대한 상세 내용은 조선은행회사조합요록이라는 자료를 보면 알 수 있다.

이러한 자료들을 통해 동원된 기업의 특징을 보면, 주로 광산, 수류탄 제조공장 조면공장 등 군수품을 생산하는 기업과 종이, 생사, 직물, 고무 등을 제조하는 기업이 많았으며, 조광업과 같이 광산물 관련 기업에도 동원되었다.

구체적으로 보면 대구의 유명한 섬유관련 기업은 남선피복공업(㈜), 대구제사(㈜), 조생사(㈜), 남선타올공업(㈜)를 들 수 있다. 광업은 고려광업개발, 영일탄광공업(유한), 조광업(㈜)이 대표적이다. 대중들이 좋아하는 술과 관련된 기업은 남선양조사, 대구조선양조(㈜), 고무관련 기업은 노무라호모군수품, 월성호모공업(㈜)를 들 수 있다. 그 이외에도 경북지업사, 고착판매통제회사, 광성유리공업㈜, 대구산업(㈜), 대구요업(㈜), 대구제작소(㈜), 동아성냥(㈜), 와카마쓰상회, 철공장 등이 강제 동원과 관련된 군수기업들이었다.

그러면 일제의 군사시설 대구군사관구와 대구육군병원, 대구제24부대, 대구기상측후소 등 기타 군 관련으로 동원된 사람들은 얼마나 있을까. 우선 이것을 조사하기 위하여 『전시한국인강제동원조사자료집-연행지일람·전국지도·사망자명부』, 『피징용사망자연명부 3/10(구일본육군재적)-경상북도·경상남도』, 『왜정시피징용자명부』 등에서 대구사관구와 관련 군사시설에 강제 동원된 인원을 대상으로 조사하였다. 그 결과, 대구의 전쟁 시설로 배치된 인원은 약 1,500명이라는 것을 확인하였으며, 대구사관구가 가장 많았다.

이 인력을 출신지역별, 연령별로 분석하여 보면 대구군사관구와 대구육군병원, 대구기상측후소 등 기타 군 관련으로 동원되었다. 추출한 인물을 출신지별로 분류하면 경북이 719명으로 가장 많고, 그 다음이 경남 528명으로서, 영남지역 출신이 전체의 82.2%를 차지하였다. 그 외에도 전국에 걸쳐 모집되었으며, 가장 먼 거리 출신인 함경남북도 100명과 황해도 출신자 37명도 포함되어 있었다.

이처럼 대구사관구는 물론 육군병원 등 시설을 설치하거나 부상자를 치료하는 등에 쓰이는 많은 인력이 필요하였으며, 여기에 학생 징집을 포함한 군인, 군속들을 동원하여 활용하였다는 것을 알 수 있다. 명부를 추가하여 조사할 경우 인원은 더욱 많아질 것으로 예상된다.

대구의 일제 군사시설에 동원된 1,516명 중 17세 이하는 50명으로, ILO 제11조의 18세 미만 근로를 금지하고 있는 국제협약을 위반하고 있다는 것을 알 수 있다. 또한 18세 이상이라 하더라도 1,516명 중에는 학생을 강제 징집하고 있는 경우가 상당수라고 판단된다. 때문에 학생을 징집한 경우도 국제법 위반이라고 볼 수 있다. 1924년생 20세가 997명으로 가장 많은데, 당시 징집된 학생과 대차대조할 필요가 있다.

3.2. 대구 가창 달성광산

대구 달성군 가창의 달성광산(達城鑛山)은 1915년 대구에서 가장 먼저 전기가 들어온 곳이다. 망상광상(網狀鑛床)으로 1916년 4월 강원도 영월의 상동광산(上東鑛山)과 함께 채굴이 시작되었는데, 텅스텐의 원료인 중석은 상원리에 많이 내장되어 있다.

상원2리에 대한중석 달성광업소 1구 공구와 사택이 있었으며, 현재 대구텍 자리에 2공구가 있었다. 개발은 1937년 고바야시광업회사(小林鑛業會社)가 활발하게 진행하였으며, 1945년 8월 일본인이 귀환하자, 경영권은 한국인에게 넘어오게 되었다.

이 곳은 해방과 동시에 중석 광산으로 본격적으로 개발하였다. 달성광산은 세계 최대의 단일광구였던 상동광산과 함께 전 세계중석 시장의 8%, 세력권 공급량의 10~20%까지 담당했다. 대한중석의 산실이었고 1960년대에는 대한민국에서 유일한 외화벌이 국영기업이었으며, 여기에 무려 3천여 명이 종사했다고 한다.

이 달성광산에도 대구 소재 학교의 학생들이 대거 동원되었다. 특히 경북학도동원기구는 계성학교를 광산에 배속하여 근로동원을 하였다. 학생들은 광산에 배속되어 열악한 환경 속에 노출됨에 따라 많은 불만이 터져 나왔다.

6장 전쟁범죄와 국제법 위반의 증거

　　아시아태평양전쟁 중에 일어난 학생 강제 동원은 국제법적 불법 행위에 해당하며, 이는 명백히 전쟁 범죄 가운데 하나이다. 1939년이나 1943년 기준으로 조사한 대구권역 학교의 학생들에 대한 학급수, 학생수, 위치에 대한 일람표를 보면, 학교별로 일본인과 한국인을 구분할 수 있는 것도 있지만, 구분되지 않은 경우도 있어 한국인들이 정확하게 얼마나 동원되었는지 알기는 어렵다. 일본인 학생에 대한 강제 동원도 국제법을 위반한 것이다.

　　당시 대구의 중등 이상 학교는 15개 학교이며, 1943년 현재 중등이상에서 수학하는 학생은 6,610명이었다. 1944년부터 수업을 전폐하고 학생들에게 노동을 시켰기 때문에, 중등이상 학생들과 초등학생까지 포함하면 대구의 학생들은 심각한 인권침해를 당한 것으로 사료된다.

　　통제방식도 군대식으로 하여 학생들에게는 위협적이었다. 경북학도동원기구는 학교의 시스템을 이용하여, 교장, 교감, 교사를 지도위원으로 하고, 학생간부들을 활용하였다. 학교는 군대식 시스템을 만들어 군부대처럼 중대, 소대로 나누어 학생들을 통제하였다.

훈련과 통제는 1943년까지 육군80보병연대가 맡았으며, 1944년 5월까지는 경북방위제24부대, 5월 이후는 대구사관구 사령부가 담당하였다. 다음은 대구지역의 대표적인 학교를 중심으로 어떠한 학생 동원사례가 있었는지에 대하여 구체적으로 살펴보자.

1. 대구지역 불법 학생 강제 동원 개요

대구지역 학교의 동원기간과 동원지에 대해서는 지금까지 잘 알려져 있지 않다. 역사가 오래된 학교의 역사지를 보면 강제동원에 대한 이야기들이 종종 실려 있다.

대구의 각 동원학교별 동원내용과 동원지, 동원인원 등을 살펴보면 한국인을 희생시키려는 시스템의 가장 밑바닥을 알 수 있

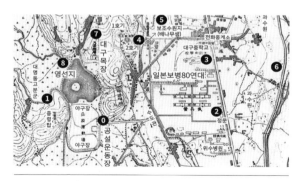

그림 7 | 일본 육군 보병 제80연대 주변 작업장

으며, 일본정부의 민낯을 잘 들여다 볼 수 있다.

위의 그림은 당시 대구부 지도에서, 육군보병제80연대를 중심으로 본 대구지역 학교의 분포도이다. 1938년 국가총동원 체제하에서 학생 동원은 1939년부터 진행되고 있었고, 경북학도동원기구에서는 각 학교에 할당량을 정해 주어, 학생들은 예외 없이 강제로 노역을 해야 했다. 아직 어린 학생들이 일제의 전쟁수행 체제의 하부구조에 내몰렸으며, 일본정부는 ILO에 명시되어 있던 18세 미만 학생들의 근로 금지 조항을 위반하면서까지 전쟁을 위한 물자수급과 각종 도로공사, 비행장 공사, 광산 하역작업 등에 동원하였다.

이러한 근로동원은 학교에서 전쟁 인간을 위한 사상적 훈련과 함께 진행되었다. 학생들은 교련 수업을 통한 전쟁 훈련, 사상적 무장을 위한 신사 참배, '황국신민의 서사'로 사상주입 훈련, 전쟁 축하 행렬 등에 일상적으로 동원되었다.

그림 1에서 보는 바와 같이, 대구사범학교, 대구의학전문학교, 대구농업학교, 대구상업학교, 경북중고등학교, 계성학교, 신명여학교, 대구실수학교, 기예학교 등 대구지역 학교들은 모두 이 '육군80연대의 부속 학교'가 되었다. 이러한 위반 행위는 대구중학교와 같이 일본인이 대다수였던 학교에서도 예외는 아니었다. 일본인 학생들에 대해서도 노역 금지 조항을 위반하고 있었던 것이다. 당시 공립보통학교는 384개가 있었으며, 2,793학급이었다.

다음으로 대구권역 초등학교(당시 국민학교)에서 일제는 어떻게

일제의 전쟁과 학생 강제동원

강제동원을 시켜 불법을 저질렀는지 알아보자. 대구권역 초등학교는 1945년 현재 48개이다. 간이학교는 1, 2학년이 해당하므로 5개 간이학교를 제외하고, 동곡국민학교 등 1943년 이후 세워진 학교 5개를 제외하면, 1944년 현재 38개 학교의 4, 5, 6학년이 학도동원본부에서 실시하는 근로동원 대상이다. 일제는 초등학생들에게 대구신사의 청소를 시키고, 육군80연대 부속시설에서 돼지키우기, 학교 주변 도로를 정비하게 하였다. 이러한 어린 학생들에 대한 강제 근로동원 행위는 특히 국제법적 불법성이 심각하게 드러나는 부분으로서, 대구 뿐 아니라 전국적으로 좀 더 자세한 조사와 연구를 통해 유년 강제동원 문제를 제기할 필요가 있다.

2. 국제법 위반의 사례

2.1. 전문학교편

대구의학전문학교(경북대학교 의과대학)

대구사범학교(대구교육대학교, 경북대학교 사범대학)

대구공립농림학교(경북대학교 농과대학)

2.1.1. 대구의학전문학교 사례

대구의학전문학교는 현재 경북대학교 의과대학의 전신이다. 대구의 근대 의학은 미국인 선교사들과 일본인 의사에 의해 받아 들여졌다. 한국이 강제 병합되기 이전인 1907년 2월 10일 일본인 들은 대구동인의원을 개설하였다. 이 의원은 일제가 조선·만주· 중국 등 대륙 침략정책을 지원하기 위해 국책사업으로 설립한 재 단법인 동아동인회의 지원을 받은 것이었다.

한국을 강제 병합한 직후인 9월에는 조선총독부가 지방관제 를 발표하여 대구동인의원을 관립 대구자혜의원으로 개편하였 다. 자혜의원은 1910년 7월 21일 대한제국 시절 순종이 칙령 제 38호로 관제를 만든 것이다. 그런데 일제는 1919년 3·1운동의 거 족적 저항에 부딪혔고, 대구에도 의학교육기관을 설립하도록 허 용하기에 이르렀다. 1923년 7월에 의학강습소가 개설되었는데 이 는 후일 경북대학교 의과대학의 모태가 되었다.

이 병원은 1925년에 운영 주체가 경상북도로 바뀌었고, 경상북도립 대구의원이 되었다. 큰 화재 이후 1928년 새로 신축한 동운정에 있던 병원에는 각과 진료실이 배치되었고, 크고 작은 수술실과 병리시험실, 렌트겐실 등 당시로서는 최신 설비까지 갖추어 활발한 진료활동을 벌였다.

전시체제로 접어들면서, 도립 대구의원의 시설이 확대되었고, 의료진도 계속 확충되어. 대구의학강습소는 대구의학전문학교로 승격되었다. 1933년 11월 27일에는 도립 대구의원의 맞은편 자리에 새로 교사를 신축하여 옮겨갔는데 이것이 현재의 경북대학교 의과대학 본관건물이다.

1935년에는 건평 315평의 병실 건물이 신축되었고, 마약류 환자치료소와 산부인과 진료실 등 다수의 건물을 갖추었으며, 병원기구도 8개 분과로 늘어나 내과·외과·안과·산부인과·소아과·이비인후과·피부비뇨기과·치과에서 진료하였다. 이곳을 거친 환자 수는 연간 10만여 명을 웃돌았다고 한다.

이 학교 학생들의 동원 특징은 대구부가 실시한 각종 공사와 학교에 할당된 다양한 공사에 동원되었고, 의사가 없는 주변 지역에 가서 무료 진료를 하는 것에 동원되었다는 점이다. 특히 이 병원과 학교는 대구부에 진주하고 있던 조선군 육군80연대와 대구 소재 각종 군사시설의 주무 병원이었다. 이로 인해 항시적으로 군인들과 관련자들에 대한 의료 진료 업무를 담당하고 있었고, 학생들도 수시로 동원되는 구조였다.

한편 학생들은 여름 방학이 되면 연례 행사로 동원되었다. 3
학년 이상 학생들은 1940년 7월 11일부터 17일까지 학교 서측 도
로 하수구 굴형공사에 동원되었고, 1941년 같은 기간에는 운동장
서측 도제 축조공사를 실시하였다. 그리고 1943년에는 대구의원
내의 학교연맹 정구장을 신설하는데도 동원되었다. 그해 여름에
는 대구부 금호강 호안축제(濩岸築堤) 공사를 실시하였다.

이러한 정기적인 동원 이외에도 다른 한편으로 국민총력조선
연맹 주최로 그해 8월 9일부터 8월 15일까지 의사가 없는 지역에
진료를 위해 동원되었다.

그림 8 | 대구의학전문학교 학생 강제동원 현장 (경북대 의학전문대학원 소장)

오가타(緖方) 교수팀은 경남 거창 지역으로, 모리야쓰(森安) 교
수팀은 경북 영양, 안동군 지역에 각각 학생 4명과 함께 동원되

일제의 전쟁과 학생 강제동원

었다. 1944년 이후 의전 학생들은 경북제24부대와 경북학도동원 본부의 지휘 하에서 수업을 전폐하고 부상당한 병사나 군수 일을 하면서 상처를 받은 사람들의 진료를 돕고 도로공사 등에도 동원 되었다.

2.1.2. 대구사범학교 사례

대구사범학교는 현재 대구교육대학교와 경북대학교 사범대학 의 전신이다. 당시 심상과와 고등과가 있었는데, 해방 이후에 초등 교사 양성과 중고등 교사 양성 과정을 각각 분리하여 설치하였다.

대구사범학교는 대구의전과 함께 이 지역의 대표적인 전문학 교로서, 당대 지식인을 배출하던 학교이다. 이 학교의 학생 동원 의 특징은 기본적으로 농사일과 군 관계의 일에 동원되는 것은 물론이고, 농촌실태조사를 하고 당시 국민학교(지금의 초등학교) 학 생들을 지도하는 역할을 담당하였다는 점이다.

그러면 일제가 국제법을 위반하면서 이 학생들을 동원한 내용에 대하여 추적해보자. 다음은 1941년부터 1944년까지 대구사범학교 근로동원 실태의 일부이다. 학생 일기를 통해 아주 구체적인 현황을 알 수 있다.

미영연합군이 전쟁에 참전하자, 대구의 대부분의 학교에서는 식량을 조달하기 위해 농장을 만들었다. 구덩이를 파고 호박이나 토마토 등을 심는 작업을 하였고, 주식인 쌀을 생산하기 위해 모를 심고 벼를 베는 작업에도 동원되었다. 1941년부터 1944년까지 대구사범학교 근로동원 실태를 보면 적나라하게 드러난다.

학생 일기를 보면, 1941년 4월 3일, 4일, 8일, 14일과 다음 달 5월 6일, 7일, 27일, 6월 24일에도 농장에 가서 일했다. 여름방학이 되면 근로 노력 봉사라는 미명으로 일을 하였고, 9월, 10월, 11월에도 틈틈이 농장과 농림학교 앞 벼 베기에 동원되었다. 9월 19일부터 26일까지 일주일간 대구역에 집합하여 경북 군위군 효령으로 출발하여 노동력을 동원당하였다.

1943년도에도 농장에서 일하고, 7월 20일에는 농촌실태조사 강습을 나갔으며, 학생들은 7월 21일부터 8월 1일까지 10일간 성주로 가서 농촌실태조사를 실시하였다. 또한 8월 30일과 31일에는 새벽 6시 45분에 경북 가창으로 출발하여 관솔가지, 솔방울 모으기를 했는데, 전교생이 배당된 솔방울 총 1천여 관을 모았다. 12월에도 가창에서 솔방울 모으기를 하였다. 당시 솔방울을 모은 것은 기름을 짜기 위한 것으로써, 미국의 석유 통제에 따라 전국적으로 실시된 것이다.

그리고 대구에는 군사적인 목적을 가지고 만들어진 동촌의 대구비행장이 있다. 이곳은 대구국제비행장으로서 현재도 공군이 같이 쓰고 있는 관계로 촬영금지를 하는 등 통제를 하고 있다. 학생들은 이곳에 그해 11월 19일에 가서 비행기대피소 격납고를 만드는 작업에 동원되었다.

1944년 1월 11일에는 대명동에 있는 종합운동장 작업을 실시하였으며, 1월 27일과 2월 29일에는 농장에 가서 일하고, 28일에는 운수회사에 가서 근로 작업을 하였다. 3월에도 끊임없이 작업을 하여, 학생들은 거의 노무자와 같은 일상생활을 강요받았다.

당시 대구사범학교에 입학하려면 1939년 현재 거의 10대 1의 경쟁률을 뚫어야 했다. 하지만 일본제국의 전쟁으로 인하여 학생들이 교련군사동원과 노무동원, 교육동원 등에 내몰리면서, 학생들의 반발이 심해지고 점차 졸업을 하지 못하는 학생들이 늘어났다.

실제로 1940년 3월 말 현재 939대 100의 경쟁률을 뚫고 95명이 합격하였으나, 2학년 말에 4명이 줄고, 3학년 말에 11명, 4학년 말에는 14명이 줄어들어 결국 졸업한 학생은 한국인 70명, 일본인 9명 총 79명이었다. 1944년 징용을 가거나 '반딧불사건'으로 독립운동에 가담하여 퇴학당한 학생들은 형무소에 투옥되어 졸업하지 못한 것이다.

대구사범학교는 지역을 대표하는 학교이므로, 학도근로동원 체제 하에 있었는데, 경북24부대가 함께 위협적인 강제동원 체제를 만들었다. 학교에서는 총독이 올 때 학생들에게 군사 사열을 하게 하고, 농장 등에 가서 초등학생들을 지도하고 감독하는 역할을 하도록 시켰다. 실제로 1942년 5월 29일에 조선 총독으로 부임한 고이소는 9월 초에 시찰 대상 기관이었던 사범학교를 순시하였다. 학생들은 미카사마치(三笠町) 우편국 앞에서 학교 교문까지 전교생이 사열 대열로 도열해 있었다.

고이소는 육군대장이며 조선군사령관을 지낸 인물로 결국 조선총독으로 부임하였다. 그는 메이지의 주요 권력 파벌인 죠수벌 출신으로서, 조선 총독 임기가 끝난 후, 일본에 가서 내각총리가 될 정도로 권력이 센 인물이다.

고이소는 조선 총독 시기에 '삼천리 동포 위에 왕관없는 제왕'이라 불릴 정도로 권세를 누렸다. 하지만 일본 패전 이후 국제전범 재판소에서 종신금고형을 언도받아 A급 전범이 된 인물이다.

학교를 방문한 그는 교장실에서 다카치카라(高力) 교장에게 학생들이 독립운동을 하지 못하도록 철저히 대비를 하라고 지시하였다. 사범학교에는 독립운동의 맥을 이어온 의식 있는 학생들이 많았다. 그것은 1939년 심상과 1기생의 독서회사건, 7기생의 이른바 왜관사건, 1940년에서 1941년에 걸친 8. 9기생의 대구사범 문예부사건, 다혁당사건, 반딧불사건 등으로 이어졌다. 이에 따라 사범학교 학생들에 대한 당국의 감시는 일상적인 것이었고, 급기야 조선총독 고이소가 학교까지 내려와 교장에게 질책하게 된 것이다.

이와 같은 상황은 대구24부대와 경북학도동원기구가 사범학교 학생들을 각종 노역과 군사훈련에 동원하였기 때문에 초래된 것이었다. 그 사례로 1943년 4월 26일 신입생들을 새로운 농장에서 '근로봉사'라는 명목으로 강제로 작업을 시켰다. 농장의 작업 환경은 그야말로 열악했다. 마실 물도 제대로 주지 않았고, 쉴 시간도 주지 않으면서 일만 시켰던 것이다. 이로 인해 학생들의 불만은 고조될대로 고조되어 있었다.

사건은 심상과 학생 유덕수와 실습과 감독 요네노(米納)가 싸우면서 발생하였다. 그가 농장 일을 하다가 잠시 쉬고 있을 무렵, 실습과 감독 요네노가 트집을 잡았다. 이에 유덕수는 '우리 심상 과생을 너희 실습과생이 뭔데 혹사시키느냐, 쉬는 시간도 없이 일하란 말이냐' 하면서 둘이 멱살을 잡고 싸움이 일어났다. 그날은 인솔한 선생이 와서 말려 무사히 넘어갔다.

그러나 둘다 싸웠지만 한국인 유덕수에게 차별적인 처벌이 내려졌다. 다음날 도경 고등계 형사가 미카사마치(三笠町)에 있는 그의 하숙집까지 찾아와 경찰서로 연행해갔다. 이 일로 유덕수는 사상이 불온하고 상급생에게 반항했다는 죄목으로 퇴학 처분을 당하였다.

이러한 상황은 1941년 12월 8일 일본정부가 진주만 기습공격과 함께 미·영에 대하여 선전포고를 하면서 더욱 심화되었다. 학생들 사이에는 이제 '일본도 끝장날 날이 멀지 않았다'는 여론이 팽배하였으나 군사훈련과 노무동원으로 긴장과 시달림의 연속이었다. 그 가운데 1942년 12월 21일에는 경북24부대장 임석 하에 교련 검열이 있었다.

대구사범학교는 1923년 4월 1일 공립으로 출발하여 1929년 6월 1일에 관립이 되었는데, 다시 1944년 4월에는 3년제의 본과를 개설하여 전문학교 수준의 사범학교로 개편되었다. 이렇게 관립대학이 된 이후 총독부와 경북24부대는 학교와 학생 동원 정책을 더욱 체계적으로 강화하였다. 그리하여 주요한 군사시설에도 학생들을 투입하기 시작하였다.

1943년 7월 15일에는 육군이 관할하고 있는 대구동촌비행장에 대피소를 만들기 위해 동원하였다. 작업도구는 아주 형편없었다. 괭이와 삽으로 흙을 파서 들 것에 담아 운반하는 작업을 시켰다. 이곳에서도 농장에서와 마찬가지로 갈증이 있어도 제대로 물을 못 마시는 작업환경이었다. 이렇게 사범학교 학생들은 밤하늘을 바라보면서 집으로 돌아갔다고 한다.

총독부에서는 학생들을 대상으로 정신교육을 시킨다는 명목으로 친일 한국인 지식인을 대대적으로 활용하였다. 1944년 7월 8일 토요일에는 대구 공회당에 당시 시인으로 유명했던 춘원 이광수가 가야마 미쓰로(香山光郞)로 개명을 하고 강연하였다. 3.1운동 시기에 민족 지도자로 알려졌던 그가 이번에는 학생들을 강제동원하기 위해 일제를 두둔하는 발언을 하자, 학생들은 박수를 치지 않는 것으로 자신들의 마음을 웅변했다고 한다.

1945년 3월에는 미국과 연합군이 일본 본토와 한반도 남부지역을 공격하기 시작하였다. 이에 당국에서는 대구에 있는 모든 학생들을 소집하여 연합 사열을 시켰다. 그달 10일에는 토요일임에도 불구하고 학생들을 집합시켰다. 학생들은 군인처럼 집총자세로 무장을 하고 앞산 연병장에 모였다.

이때는 대구의학전문학교 학생을 선두로 분열식을 하였고, 이 쿠라지마(倉島) 대구부 내무부장이 "이번 전쟁에 패하면 일본은 물론 한반도의 모든 '황국신민'을 몰아내어 이민 보내고, 그들 '양키놈들이 들어와 살 것'이라 하면서, 최후의 한 사람까지 끝까지 싸워 이길 각오를 하라"고 엄포를 놓았다.

특히 1944년부터 1년간은 추우나 더우나 맹훈련에 시달린 상태였다. 대구의 학생들은 군사훈련과 여러 가지 강제 노역으로 시달린 상황이라 이러한 구라지마 내무부장의 말에 상당한 학생들은 마음속으로 반발하며 울분을 참아냈다고 한다.

전쟁이 막바지로 접어들자, 아예 몇 주일 하던 노무 동원을 몇 개월로 늘려 학생들은 마치 노무동원자와 다를 바가 없었다. 당시 사범학교 4학년, 5학년 학생 약 180여 명은 자신들의 모교를 떠나 5개월 동안 이른바 '교육 노역'을 당하였다.

근무 환경은 그야말로 노무자 십장 역할이나 마찬가지였다. 그들은 담임선생 인솔 하에 덕산학교(당시 관립대구사범학교 대용부속소학교)에 가서 국민학교의 교육동원을 담당하였다. 그런데 말이 교육동원이지 작업감독의 십장 역할을 맡긴 것이다. 5학년 학생들은 주로 국민학교 6학년과 고등과 1, 2학년생 학급에 배정되었다.

그런데 고등과생은 앞산의 순환도로를 닦는 일에 동원되었는데, 사범학교 학생들은 교생으로서 이들의 작업을 감독하는 십장 역할을 하였다. 그 중 교사 역할을 한 5학년 학생들은 관비 25원에 수당 5원을 받았지만, 4학년 학생들은 한 푼도 받지 못했다고 한다.

당시 학생들은 교육실습인지, 근로봉사인지 도무지 알 수 없는 지경이었다고 한다. 교생들이 해야 하는 필수적인 교안쓰기, 수업, 강평회 등은 뒷전으로 밀려나고 말았다. 이에 따라 사범학교 학생들은 문예창작반 등으로 가장한 지하 비밀써클 조직을 전쟁이 끝날 때까지 지속하였으며, 많은 학생들이 형무소로 끌려가게 되고 퇴학처분 당하였다. 이러한 학생들의 강제 동원은 형무소로 간 학생이나 동원당해 노역을 하는 학생이나 그만큼 그들 인생에서 커다란 질곡으로 작용하였다.

2.1.3. 대구공립농림학교 사례

ⓒ대구근대역사관 소장

대구농업학교는 1910년 11월 1일 대구공립농업학교로 개칭

일제의 전쟁과 학생 강제동원

되었으며, 1912년 속성과는 2회에 60명이 수료한 다음 폐과되고, 그해 3월 최초로 본과 26명이 졸업하였다. 1911년 10월 이후 인문교과(수신·국어·일본어·한문·수학·이과·도화·체조)와 실업교과(보통작물·원예·채소·과수·축산·임업·토양·비료·측량·양잠·농업실습·농업경제·농산제조·동물·식물·광물 등)를 배웠다. 교육과정의 특성은 실습에 치중한 것이다.

1924년 신천동으로 교사를 이전하고 수업연한을 5년으로 연장하였다. 1928년 4월 대구공립농림학교로 교명을 개칭하고 농업과와 임업과를 설치하였다. 1941년 3월 수의축산과를 신설하고 15학급으로 증설하였으며, 1944년에는 다시 4년제로 변경하여 전문대학의 역할을 수행하였다. 해방 이후 경북대학교 농과대학의 기반이 되었다.

일제시기 군수공업화를 추진하기는 했으나, 기본적인 산업은 농업이었다. 그러므로 대구지역에 만들어진 농업학교는 농업 분야의 전문 인력 교육을 위해 무엇보다 중요한 기구였다. 이 학교의 학생들은 다른 어떤 학교보다도 다양하고 광범위한 지역에 동원된 특징을 지닌다.

먼저 이 학교는 다른 학교와 달리 1930년부터 이미 조림 실습이라는 명목으로 임과(林科)에서 하계휴가를 이용하여 사방공사를 했다. '근로실습'이라고 하지만 사실상 '근로동원'이었다.

1939년 경북학도동원기구가 만들어 진 후 대구농림학교에서도 본격적으로 근로동원이 전개되었다. 이 학교 학생들의 강제 동원의 특징은 신사와 신궁 조성, 조림 실습, 사방공사, 생산조사 등에 동원한 것을 들 수 있다.

1939년 학생들은 대구 달성공원에 건립될 국체명징관(國體明徵館) 부지 기초 작업에 일주일간 동원되었고, 이어서 신궁 부지 작업에도 일주일간 동원되었다. 이듬해에는 하계방학 중 경주에 가서 기숙생활을 하면서 10일간 조림 실습이라는 명목으로 사방공사를 하였다. 이처럼 이 학교 학생들은 이른바 '황민화 사상'을 주입시키는 상징적인 건물 공사에 동원되었다는 특징이 있다.

1942년부터 일본이 전쟁에서 불리하게 되자 경북학도동원기구는 학생들의 근로시간을 늘려 사방공사, 식량증산활동, 생산조사 동원 등에 동원하였다. 이 학교 학생들은 특히 '노동봉사'란 미명 하에 각자 먹을 양식을 지참하여 대구 주변의 김천, 군위, 영천, 달성군 등지로 전전하면서 사방공사를 하였다. 약 3주간 각 군의 사방관리소가 그들을 관리하면서, 학생들의 몸과 마음은 지칠 대로 지쳤다고 한다.

1943년도에는 금호에서 일주일간 모심기에 동원되었고, 군위에서도 일주일간 생산 조사하는데 동원되었다. 그리고 포항과 영일군에서 1주일간 벼 베기, 보리갈이에 동원되었다.

1944년과 1945년은 대구농림학교총력대도 수업을 하지않고, 일반 노무자처럼 강제로 동원하여 일을 시켰다. 그들은 농번기에 모심기를 하거나 하천부지를 개간하고 송탄유를 채취하였으며, 심지어 군사훈련에도 동원되었다.

특히 농번기에는 예천 및 경북도 전역에 걸쳐서 총력대의 지시에 따라 이동해가면서 계속 노동력을 제공하였다. 1944년 하계 방학 때에는 하천부지를 개간하는 작업을 하였다. 또한 송탄유를 짜기 위한 솔꽹이를 채취하기 위하여 공산면 동화사 등지로 동원되었다. 학생들은 책임량을 완수하기 위하여 교사들의 눈치를 보면서 일하고 또 일하였다고 한다. 책임량을 완수하지 못하면 학교에서 성적에 반영되어 불이익을 받기 때문이었다.

이처럼 대구농림학교의 학생들은 총동원체제가 만들어지기 이전부터 실습이라는 명목으로 대구는 물론 경북지역까지 파견하여 여러 가지 작업에 동원되었다는 것을 알 수 있다. 다른 학교와 비교해볼 때 이 학교의 노동동원은 횟수나 양적으로 비교할 수 없을 정도로 많았다. 그 외에도 군사훈련의 일환으로 수류탄 던지기, 토낭 운반 경쟁, 장애물 넘기 등에도 동원하였다.

2.2. 중·고등부편

대구공립고등보통학교 (경북중·고등학교)
계성학교 (계성중고등학교)
교남학교 (대륜중고등학교)
대구상업학교 (대구상원고등학교)
경북고등여학교 (경혜여중·경북여자고등학교)
신명여학교 (신명여자고등학교)

2.2.1. 대구공립고등보통학교(경북중·고등학교) 사례

ⓒ눈 근 도 가 오 ㄴ ㄷ ㅎ

　대구공립고등보통학교는 지금의 경북중학교, 경북고등학교의 전신이다. 이 학교는 대구에서 역사가 가장 오래된 협성학교에서 비롯하여 이후 지역 유지들이 관심을 기울여 세운 학교이며, 현재도 대구의 대표적인 학교 중의 하나로 자리 잡고 있다.

　1938년 국가총동원법이 발효되었을 당시 이 학교는 다른 학교와 마찬가지로 '내선일체'를 표방한 황민화 교육을 시키기 위하여, 교실마다 가미다나(神棚)라는 불단을 설치하고 학생들에게 절을 하도록 강요하였다. 또한 매일 황국신민의 서사(誓詞)를 외우도록 하여 일상생활 자체를 일본식으로 바꾸도록 유도하였다. 학교에서는 조선어를 사용하지 못하도록 조치하였다.

　각종 제일(祭日)과 기념일마다 학교에서는 학생들에게 황민화 교육을 강화하기 위하여 일본 국가를 부르게 하였는데, 학생들은 따라하지 않거나 입만 벙긋하고 진심을 다하지 않았다고 한다. 이에 교사들은 이들을 색출하여 벌을 주기도 하였다. 또한 학교 당국은 매일같이 고풍원에서 군가연습을 시켜 대구역을 거쳐 중국으로 출정하는 일본군의 환송에 동원했다.

1938년 7월 23일에서 8월 1일까지 대구중학교 학생들은 칠곡군 지천면 송정동 사방공사에 일주일간 강제 동원되었다. 이 학교의 사례를 보면 당시 조직을 어떻게 만들었는지 알 수 있다. 학생들은 교사들의 지도 아래 4, 5학년 100명을 20명씩 5개 반으로 편성하고 각 반에는 반장, 부반장을 두어 통제시켰다. 여름방학을 이용하여 농촌 봉사활동 명목으로 동원한 케이스이다. 명분으로 드러낸 목적은 '고도국방 국가체제 확립을 위한 것'이었다.

대구고등보통학교로 바뀐 후에도 예외 없이 경북학도동원본부의 지령에 따라 학생들은 작업에 동원되었다. 이 학교가 맡은 곳은 상주군 공성면 제방보수공사였다. 1940년 여름에 학생들은 대구에서 상주까지 가서 제방공사에 동원되었다. 1941년 가을에는 2, 3학년생들이 상주에 가서 향교에 합숙하면서 벼 베기 작업을 하여, 식량증산을 위해 동원되었던 것이다.

학생들은 당시 향교에 단체로 머물고 있었기 때문에 서로 조선의 독립에 대한 의견을 교환하게 되었다. 하루는 벼 베기 작업을 끝내고 향교에 머물고 있는데, 교사들이 학부형의 초대를 받아 나가고 없자, 3학년 박원규(朴元圭) 등 6명이 학생들에게 김구, 이승만 등의 독립운동 활동에 대한 소식을 전하였다. 그리고 '우리나라에서도 인도의 찬드라 보스와 같이 외형적이나마 민족주의

자가 권력을 잡는 게 좋겠다'는 이야기를 하는 등 독립운동 사상을 자연스럽게 공유하였다.

그런데 이러한 학생들의 활동은 이후 청도 화양면 작업 과정에서 문제가 되어, 청도경찰서 고등계에 끌려가 아침부터 밤 11시까지 구금되었다. 처벌을 하더라도 일본인들에게는 솜방망이 처벌을 하지만, 조선인들에게는 사상적 취조가 너무 심하여, 학생들은 민족 차별에서 오는 모멸감을 견뎌내야만 했다.

고이소는 미나미가 닦아 놓은 황민화정책을 더욱 강화하여, 식민지수탈과 '노예화'정책을 수립하였다. 그는 전쟁수행에 필요한 인적·물적 자원을 징용, 징병, 공출 등의 이름으로 강행하였고 학교 자체를 병영화하였다. 학교에서 하는 일은 교육보다는 충량한 신민으로서 '근로보국'의 의무를 다하는 것이 훨씬 중요한 일로 간주되어갔다. 성적평가는 전 과목 성적과 수련성적(작업, 사상)을 반반으로 매겼다.

학생들에게 근로봉사라는 명목으로 일을 많이 시키게 되니, 학력은 당연히 저하되었다. 미국이 참전하고, 제2차 세계대전으로 확전된 이후인 1942년부터는 학생들이 근로보국대에서 활동하느라 방과 후 시간을 가질 수 없었다. 그해 학생들은 하양에 있는 하양소학교에서 합숙하며 모내기작업을 했으며, 상주에도 동원되어 일하였다. 이 작업에는 3, 4, 5학년 학생들이 동원되어 지칠 때까지 일하였다고 한다.

한편 일왕의 명령으로 이 학교에 부임한 일본인 중에는 자유주의적 반전사상을 가지고 있던 후지사와 교장이 있었다. 그는 학생들과 함께 '아리랑'을 부르기도 하고, 1938년 제7회 세계교육회의에 참석한 이야기로, 학생들에게 드문 감동을 선사했다고 한다.

하지만 교장도 총독부와 일본군이 부여한 할당량에서 자유로울 수 없었다. 1943년도부터 학도근로령에 따라 학교총력대가 되어, 방학은 물론 방과 후 시간에도 근로 활동을 해야 했다. 여름방학에는 청도군 화양면에 나가 일을 하였으며, 화양국민학교에서 숙식을 하기도 하였다.

이렇게 되니, 학생들의 불만과 저항은 더욱 커져갔다. 나라 잃은 백성으로서 작업장에서는 제대로 먹지도 못하고 쉬지도 못하는 참혹한 일들을 견뎌내야만 했다. 그들은 여러 가지 문제를 일으키는 형태로 저항하였다.

문제의 발단은 '소고기 굽는 냄새'였다. 화양국민학교 교실에는 교사들이 묵고 있었으며, 좌우 교실을 학생들이 썼는데, 식사는 잡곡밥에 김치만 곁들여 먹고 중노동을 해야 하는 상황이었다. 이러한 상황에서 그 맛있는 냄새가 학생들이 있는 교실에까지 베어나왔다. 이에 학생들이 반발하여 양쪽 교실에서 번갈아가며 고함을 치며 항의하였다.

그리고 교장실에 걸어둔 일왕과 왕비의 사진을 포개놓은 일이 벌어지기도 하였다. 이 사건으로 교사들은 학생들을 교실 마룻바닥에 꿇어앉혀 놓고 '내란죄'나 '불경죄' 운운하며 주모자 색출에 나섰다. 학생들은 '주동자가 없으며 자연발생적으로 일어났다'고

했다. 이 사건으로 평소부터 담임의 비위에 거슬린 몇몇 학생은 퇴학 또는 무기정학 처분을 받았다.

한편 학생들은 교실 지도 위에 중국 남경 함락이라고 꽂아둔 일장기를 동경 함락이라 고쳐 꽂았을 뿐 아니라, 떨어지는 미국 비행기와 승전 가장(假裝) 일본기를 바꾸어 걸었다. 일본은 반드시 패망할 것이라는 전제 아래, 전사한 일본군 총사령관 야마모토(山本)의 사진도 찢어버렸다.

강제 중노동에 대한 반발심에 가득한 학생들은 일제에 대한 민족적 울분을 여러 가지 형태로 터뜨렸다. 문제가 커지자 교사들은 학생들을 직원실로 끌어들여 때리고 욕설을 하면서, 무기명으로 불온분자의 이름을 대라고 강요했다. 학생들은 주동학생이 밝혀질 때까지 하루 종일 마룻바닥에 꿇어앉아 있어야만 했다. 학교에서 색출되지 않으면 고등계 취조실에 보내어 밝혀내겠다는 으름장도 놓았다.

이 같은 소요와 소란에도 불구하고 농촌실태조사라는 명분으로 학생들은 면서기와 함께 마을조사에 나서야 했고, 대구 근교의 산까지 가서 송탄유를 만드는 원료인 솔꽁이(관솔)를 따러 톱과 낫을 들고 종일 산을 헤매야 했다. 2019년 인터뷰 당시 중구에서 90세의 연세로 의사를 하시는 이○○ 어르신도 이때의 일들을 기억하시며, "학교가면 교육은 안하고 솔꽁이를 따러 가야했는데 몹시 힘들었다"고 회상하셨다.

한편 강제 중노동을 하고 돌아온 뒤에는 불온분자란 올가미를

일제의 전쟁과 학생 강제동원

쓰고, 학생들은 대구경찰서 고등계의 취조와 일인 담임교사들의 준엄한 문초를 받고 폭행을 당하기도 하였다.

그나마 학생들이 존경했던 후지사와 교장은 1944년 3월 30일 학교를 떠나고, 경성 용산중학교에 근무하던 고노 소이치(河野宗一)가 3월 31일 교장으로 부임하였다. 그는 자그마한 신장에 통통한 체격의 달변가였는데, 학생들은 그에 대해 황국신민을 부르짖고 천황에 대한 충성심만 내세웠지 학교나 학생은 안중에 없었다고 평가했다.

'조선을 결전체제'로 바꾼 고이소 총독이 전시내각에 입각하였고, 그대신 총리대신을 지냈던 아베 노부유키(阿部信行)가 7월 24일자로 조선의 총독으로 부임하였다. 그만큼 일본의 정치에서 식민지 조선의 중요성이 높았다는 것을 말해준다.

1944년 7월 20일에는 총력대로 동원되어 수원 확장 공사를 하였고, 달성군 수성면 만촌동에 학교림을 조성하기도 하였다. 1945년 4월 5일, 학교 본관이 큰 화재로 소실되자, 잿더미를 정리하고 화재를 복구하는 데도 학생들이 동원되었다.

그 해 4월 1일부터는 수업을 전폐하고, 학생들을 대구 남산동에 있던 남부철공소에 파견하여 수류탄 제조 작업에 투입하였다. 1일 생산량 600개를 의무 할당하고, 월 50원(圓)의 임금을 주겠다고 약속하였지만 지켜지지 않았다.

다른 학생들은 칠성동 면화공장(조선방직 대구조면공장)에 보내 솜뭉치 하역작업에 동원되었다. 또 다른 학생들은 동촌비행장에 파견하여 격납고 공사에 동원되었고, 가창면에서는 원목운반 작업에 동원되었다. 학교는 이미 교육장이 아닌, 전시인력동원을 위한 집합 장소로서만 기능할 뿐이었다.

1945년 7월 1일 모든 학교에 학도대가 만들어진 후, 학생들에게는 퇴비용 풀을 1인당 5관 이상부터 10관까지 책임량으로 부과하고, 관솔도 1일 1인당 1관 이상 따오도록 강제했다. 학교운동장을 대부분 갈아 엎어 채소밭으로 만들고, 교실마저 군대 막사로 사용하도록 했다. 학생들은 카키색 전투복에 전투모를 쓰고 각반을 찼으며 연일 방공훈련과 고된 강제노동에 시달려야 했다.

대구고등보통학교는 육군제80연대의 부속고등학교라는 별명이 있을 정도로 많은 군사훈련과 근로동원을 당하였다. 다른 학교 학생들과 마찬가지로 사방공사, 광산 원목 운반 작업, 솜뭉치 하역작업 등에 동원되었다. 특히 주목되는 것은 이 학교 학생들은 대구비행장에 파견하여 격납고 공사에 동원되었고, 수류탄 제조 작업에도 투입된 것이었다.

2.2.2. 계성학교(계성중·고등학교) 사례

계성학교는 북장로교 기독교를 기반으로 1906년 10월 15일 아담스 선교사가 남문안 교회 내에서 개교하였다. 교육과정에는 신학문으로서 기술 관련 과목이 많은 것이 특징이었다. 1914년에는 상업에 해당하는 부기가, 1916년에는 농업이, 1918년에는 공업이 추가되어 농·상·공업을 모두 배울 수 있는 학교가 되었다.

1933년 4월에 계성학교는 지정학교로 승격되었다.

이러한 학교의 특성으로 인해, 계성학교 학생들은 농장에서 장기간에 걸쳐 집단 근로를 많이 하였으며, 군수공장이었던 조선방직 대구조면공장에 동원되기도 하였고, 광산에도 동원되었다.

일본정부는 군에 필요한 물자를 공급하기 위하여 한국인 노무자를 동원하여 광산이나 공장 등 군수물자를 생산하도록 하였다. 또한 식량증산을 일본 국책으로 삼고, 학생들에게는 그보다는 업무 강도가 낮다고 판단되는 일을 시켰지만, 성장기에 있는 학생들에게 힘든 것은 말할 것도 없다.

계성학교와 관련된 강제동원 불법 사례는 1944년 이후 수업을 전폐했던 당시의 상황에 집중되어 있다. 당시 계성학교 총력대 대장은 김석영 학교장이며, 교감과 교사들이 지도위원으로 편성되었고, 학생부가 학생들을 관리하는 체제였다. 이 학교는 북미 장로교 계통으로서, 비교적 자유로운 편이었으나, 총독부의 강제

동원으로 학생들은 더욱 신경이 곤두서게 되었다.

경북학도동원본부는 계성학교 총력대에게 경북 의흥군 농장과 하천 부지를 개간하도록 명령하였다. 이 학교 총력대는 1944년 3월초부터 그해 5월 30일까지 경북 의흥과 상주에 있는 농장과 하천 부지를 개간하였다.

이 학교의 당직일지와 학교사를 보면 당시의 동원 상황을 구체적으로 알 수 있다. 주로 2학년 남북반이 3월, 5학년이 4월, 4학년이 5월에 동원되었으며, 매월 100여명이 참여하였다. 인솔교사는 정희섭, 최영호선생이었다.

의흥 농장은 군위군 의흥면에 소재하고 있었으며, 그와 관련하여 하천부지 4만여 평을 개간하는 작업이었다. 김 교장은 식량증산이 일본 국책에 순응하는 조치라고 하면서, 농장을 가꾸고, 하루 5합 이상의 식생활을 보장하려고 하였다.

김 교장은 학생들의 반발을 막기 위하여 교양이나 오락 등을 충분하게 배려한다고 하였고, 학생들에게 일을 시키면서 자신들의 미래를 호도하는 말을 서슴지 않았다고 한다. 자갈밭을 개발하면 하천부지가 삽시간에 푸른 농원이 되고, 수확하는 호박, 토마토, 과실 등은 자기네 학교 소유로서 자유자재로 처분할 수 있다고 하였으나 실상은 달랐다고 한다.

학생들은 자갈땅을 개간할 때, 직경 1미터 깊이 50센티 정도의 구덩이를 파고 부근에 있는 비옥한 전토를 운반하여 넣고, 호박, 토마토, 과실나무를 심었다. 노동의 능률을 올리기 위하여 학

일제의 전쟁과 학생 강제동원

생들을 분대별로 편성하고 각 분대마다 힘센 학생을 책임자로 정하여, 하루에 최소한도의 책임량을 부과시켜 상호 경쟁을 시켰다.

이러한 체제에 학생들은 처음에 시키는 대로 하였으나, 3월의 추위에 지치고 이후에도 배가 고파 점차 학생들은 지쳐갔으니 작업 능률도 떨어져갔다. 개간하던 자갈 땅 곳곳에는 버드나무와 잡초가 뿌리박혀 있었고, 신작로로 다져진 곳도 많아서 학생들이 1미터 깊이 50센티의 구덩이를 파는 것은 너무나 어려운 일이었다. 어른들에게도 힘든 일을 학생들에게 시키니 당연히 불만이 늘어갔다.

더욱이 학생들의 숙사 환경은 너무나 열악하였다. 숙사는 오래된 공자묘 명륜당을 활용하였는데, 가마니를 여러 장 연결하여 벽을 싸 바람을 막고, 마루바닥에 가마니를 덮어 잠을 자게 하였다. 일을 시킬 준비가 되지 않은 상황에서 학생들을 동원하다보니, 그 부작용은 여기저기서 발생하였다.

식사 준비는 명륜당 앞에 있는 작은 집 마당에 가마솥을 걸어두고 5, 6명의 취사 당번이 학생 전체의 식사를 담당하였으나, 먹을 것은 변변찮았다. 더욱이 화장실을 마당 한켠에 가설해 두었으나, 100명의 학생들은 불편하기 짝이 없었다고 한다.

이러한 환경 속에서 일군으로 생활한 지 2주 지난 뒤에 문제가 발생하였다. 거의 모든 학생들은 피부병에 감염되었고, 체내 장기에도 여러 가지 염증이 생겨났다. 병명 중 가장 많은 것은 폐문 임파선염이었다. 이것도 의흥면에서 근무하던 의사가 동정하여 진찰을 해주기도 하였지만, 여러 가지 병에 감염된 학생들이 늘어나 귀향치료가 필요한 병자가 늘어났다.

당시에는 학교 학생들을 군대식으로 편성하였다. 전원은 10여 개의 분대로 편성하였고, 1개 분대는 1명의 분대장, 7~8명의 분대원으로 구성하였다. 숙소 내에는 대원들을 지휘 감독하고 장악하려는 일직장이 있었고, 출입구와 망루 아래에는 위병소를 두고, 2,3명의 보초를 세웠다.

그곳에는 위병과 1명의 나팔수와 1명의 위병 사령을 두어 출입과 숙소 내 감시를 맡아 보게 하였다. 위병 근무는 규칙적으로 분대별로 교대하였다. 혹시라도 근무 중 졸다가 우치노(內野) 교관에게 들키면 위병 전원이 구타를 당했다고 한다. 학생들을 군인들과 똑같이 취급하였다.

힘든 작업과 불쾌하기 짝이 없는 생활 환경, 군대식 경영에 의한 불만 등은 당연히 학생들의 저항을 불러일으켰다. 저항은 여러 번에 걸쳐 일어났는데, 구체적으로 알 수 있는 것은 5학년과 4학년들의 저항이었다. 5학년들은 4월 1일부터 동원되었는데, 2주 후, 숙소에서 탈출하자는 계획을 세우고 의논하는 것으로 나타났다. 이때는 논의만 했을 뿐 후한이 두려워 실행에 옮기지는 못했다.

그런데 5월 초부터 작업하던 학생들은 2주일이 지난 15일, 저녁에 북반 급장이던 최영원을 중심으로 전원 탈출하여 귀향하자고 비밀리에 논의하였다. 100여 명의 학생들은 두려웠지만, 소등 나팔소리가 들린 후, 명륜당 뒤 화장실 쪽 담을 일순에 넘었다.

일제의 전쟁과 학생 강제동원

그들은 '잡히면 맞아죽는다'고 생각하면서 캄캄한 밤거리를 극도의 긴장감을 느끼면서 행군하여 우보역으로 향했다. 하지만 대구에 들어가기도 전에 많은 학생들은 본부 책임교원들과 순사가 가로막아 실패하였다. 작업담당 정희섭 선생은 '경거망동한다면, 결국 일제의 탄압 밖에는 없다'는 것을 강조하며, '정상적으로 급식하며, 규율을 완화하고, 무리한 작업은 피하도록 힘쓰겠다'고 학생들을 설득하였다.

결국 학생들은 진심으로 돌아가기 싫었지만 선생님의 말씀을 듣고 명륜당 합숙소로 돌아갔다. 이후 합숙소와 먹는 것 등 처우를 개선하였고, 남은 2주 간 큰 처벌 없이 무사히 일하고 귀향하게 되었다고 한다.

이처럼 총력대는 학생들을 1944년 3월 초부터 5월 30일까지 의흥군 농장에 가 하천 부지 개간 작업에 투입하였다. 식량을 증산하기 위하여 하천 부지의 황무지를 개간하는데 학생들을 동원한 것이다. 어린 학생들이 일반 노무자와 같이 괭이나 삽과 같은 형편없는 도구로 황무지를 개간하는 것은 쉽지 않은 일이었다. 제공되는 음식도 한창 성장할 나이의 학생들에게는 턱없이 부족한 상태로, 밤이 늦도록 작업하여 거의 녹초가 되었다고 한다.

2.2.3. 교남학교(대륜중·고등학교)사례

교남학교(현재 대륜중고등학교)는 처음에는 홍우일(洪宙一), 김영서(金永瑞), 정운기(鄭雲騎) 등 독립운동지사가 설립하였는데, 전시

체제기에 들어 친정부 지역유지인 서봉조의 손으로 넘어가게 되는 운명을 맞이하였다.

1921년 9월 15일 홍우일 등은 우현서루(友弦書樓)를 임시 교사로 하여 교남학원(嶠南學院)을 설립하였다. 그로부터 3년 뒤인 1924년 5월 21일 교명을 대구교남학교로 변경하였고, 학교 교사를 남산동 657번지로 이전하였다.

학생들은 처음에 학교 설립자들의 영향을 받았으나, 1930년 대구의 대표적 지역 유지로 친정부 활동을 한 서봉조가 학교를 인수하면서, 총독부의 정책에 적극 동조하는 학교로 일변하게 되었다. 이러한 영향으로 다른 학교와 달리, 군사적인 비밀이 요하는 작업에도 학생들을 적극적으로 동원한 특징이 있다.

이 학교의 학생 강제동원과 관련된 불법 사례는 이전 사례에는 아직 알려진 것이 없고 주로 1942년 이후에 집중되어 있다. 1942년에 경상북도 학도동원본부를 설치하고 일제에게 필요한 노동력을 충당하기 위하여 수업은 뒷전으로 하고 근로동원령으로 학생들을 혹사시켰다. 먼저, 이 학교는 신축교사로 이전을 하였는데, 그곳의 운동장 정지 작업과 흙 담장을 축조하고, 나무를 심는 일을 시켰다. 그리고 실습지 경작, 송탄유 원료 채집, 제초, 농사지원, 못 파기, 농지실태 조사, 하역, 제방 축조 등 대외 작업에도 동원하였다.

특히 이 학교 학생들은 동촌의 대구비행장 격납고를 축조한 특징이 있다. 군사 기밀지구이기 때문에 대구부내에서도 믿을만 하다고 판단되는 학교를 동원하였다. 이 학교는 기밀 공사를 많이 하였는데, 대구비행장 활주로 확장, 금호강 비행장 활주로 작업, 대덕산록(山麓) 무기 은폐고 축조, 군수공장 작업 등 군사작업에 주로 동원되었다. 또한 소년 비행학교, 소년 전차학교로 끌려가기도 했다. 심지어 1945년 4월부터 광복되는 날까지 학교 자체가 일본군 주둔 병영지가 되었으며 학도로 징병되었다.

학생들은 오전 수업이 끝나면 운동장을 개간한 실습지에서 식량증산을 위해 경작을 하고, 관개작업과 제초작업을 하였다. 학급별로 담당구역을 나누었기 때문에 학생들에게 부여된 작업량을 채워야만 했다. 개간 작업을 해서, 식량을 증산 한다고 하여 '호박 심기'에 동원하였다.

1만여 평의 교내 실습지를 제1실습지로 두고, 20리 떨어진 곳에 하천의 자갈이 많은 사력지를 개간하여 제2실습지를 만들었다. 호박을 심기 위해 지름 1m, 깊이 50cm의 구덩이를 파고, 말똥과 퇴비를 들것에 실어 20리 길을 오가며 구덩이에 넣는 작업을 하였다.

요즘은 햄버거나 피자를 시켜먹고, '밥이 없으면 라면을 끓여 먹으면 된다'고 말하는 시대이지만, 이 당시에는 밥도 먹기 어려운 상황에서 호박이나 감자, 고구마는 거의 주식에 가까웠다고 한다.

1943년에 일제는 유류 소비량을 줄이기 위해 송탄유 사용을 고안하고, 각 학교에 정해진 책임량을 채취하도록 동원령을 내려, 작업을 재촉했다. 학생들은 매일같이 작업에 동원되어 인당 3관 (貫)씩 책임량을 채워야만 했고, 책임량에 미달할 경우는 가혹한 체벌을 받아야 했다.

산림은 지속적으로 황폐해졌지만, 땔나무로 이용될 장작을 어김없이 대구로 운반했다. 운반된 장작을 일정한 장소로 운반하고 트럭에 실은 뒤, 각 동의 배급소로 분배하는 작업을 했다. 노무 동원된 학생들은 1일 책임량을 채우기 위해서 할당량을 나누어 작업을 해야 했고, 이런 작업에 지친 학생들은 불평과 반항심이 높아갔다.

그러던 중, 5학년 김 모 학생은 일부러 1, 2개비 장작을 메는 등, 작업을 하지 않고 어슬렁거렸다. 이를 본 당시 악독하다고 알려져 있던 일본인 와타나베 리키조(渡邊力造) 교감(당시 敎頭)과 미타니(三谷) 교관은 김 군을 호출하여 심하게 꾸짖었다. 김 군은 자신의 행동에 대한 답변을 했는데, 이에 화가 난 와타나베 교감과 미타니 교관은 김 군을 퇴학시켜 버렸다.

학생들은 장작 하역 작업뿐만 아니라, 수수의 한 종류인 고량 (高粱)하역 작업도 했다. 이렇게 학생들은 게으름을 피우는 소극적인 저항과 작업장을 이탈하는 적극적인 저항으로 학교의 방침에 대응하였다.

작업능률이 저조해지자, 대구역 작업 현장에서 인솔교사인 와타나베 교감은 학생들에게 설교를 시작하였는데, 그러던 중 "말을 듣지 않는 학생들은 '단종(斷種)'시킨다"는 폭언도 서슴지 않았다. 그것을 듣는 학생들은 극심한 모멸감을 느끼고 있었지만 침묵 속에서 분노를 삭이고 있었다.

1945년 4월이 되면, 미군이 남태평양과 일본 본토를 침공하였으며, 러시아도 당시 일본령인 만주와 북한으로 침공하게 되었다. 이에 따라 일본군은 대대적인 병력 정비를 하였다. 대구에는 대구 사관구를 설치하고 후방병참기지의 본부로 재편성하였다.

그림 9 | 당시 일제의 동굴 진지
(비고: 대구 동구에 소재하고 있는데 동굴진지 만들기에 학생의 참여 여부는 확인이 필요하다.)

이에 경북학도동원본부에서는 대덕산록에 무기 은폐고를 설치하기 위해 굴 파기 작업 동원령을 각 학교에 내렸다. 하지만 당시 동원된 학생들에게 작업용 포화(布靴)도 배급할 수 없어서 짚신을 한 켤레씩 배급했다고 한다. 학생들은 발에 맞지 않는 짚신을 버리고 맨발로라도 계속해서 굴 파기 노역을 해야 하는 상황에 놓이게 되었다. 이렇게 열악한 상황에서 일제 전쟁의 최전선에서 학생들은 학습권을 박탈당하고 노역에 시달렸다. 이렇게 일제는 국제법을 위반하면서 학생들을 강제 동원하고 작업장으로 밀어넣었다.

2.2.4. 대구공립상업학교(대구상원고등학교) 사례

ⓒ대구근대역사관소장

대구공립상업학교는 5년제 10학급으로 1923년 2월 16일에 인가되었고, 4월 16일에 개교하였다. 공립학교인 만큼 총독부가 실시하는 정책에 순응한 학교이지만, 그 반발심으로 학생들의 강제

동원에 대한 반발과 독립운동 조직도 활발하게 전개되었다.

이 학교는 상업학교의 특성을 살려, 1930년부터 하계휴가를 이용하여 일종의 실습 활동 명목으로 근로작업을 하였다. 1939년부터는 거기에 더하여 신사부지 작업, '근로봉사작업' 등에 동원되었는데 이때부터는 근로동원이 강제성을 띠게 되었다.

1943년경부터 일본군의 패색이 짙어지자 전쟁 수행을 위한 물자보급 및 수송 등과 군을 위한 생산 활동 등 다양한 분야에 강제 동원되었다. 1944년부터는 더욱 극성을 부려 학생들을 강제 동원에 징발하였다.

경북학도동원본부에서는 이 학교 학생들을 식수사방공사, 하천제방축조공사, 대명동 활공장 정지작업, 비행장 정지작업, 장작하산작업, 농장 개간 작업 등에 내몰았다.

교외에서는 생산동원이란 명목으로 의성 농촌실태조사, 경산 방면의 모심기동원, 대구근교의 하천부지 개간작업 등에 동원하였다. 또한 왜관, 신동의 도로확장공사와 가창면의 사방공사 등의 근로작업에 강제동원되었다.

교내에서는 생산활동이라 빙자한 실습지 개간작업이라 해서 당시 테니스코트를 밭으로 바꾸는 작업을 하였으며, 구덩이를 파서 호박을 심거나 고구마, 감자 등을 재배하게 하였다. 또한 교외로는 마루보시(대한통운의 전신)에 동원하여 설탕, 담배 등을 포장한 짐을 들어올리고 내리는 작업을 하였다. 이때를 회상하면서 한 졸업생은 '물건을 나르면서 견물생심(見物生心)으로 악의 없는 장난을 친 학생들이 정학 혹은 퇴학까지 처벌을 받은 사례도 있었다'고 하였다. 이를 통해 학생들은 전장(戰場)에 임한 군인의 역무에 못지않게 엄격하게 근로 행위를 혹사당했다는 것을 알 수 있다.

특히 상업학교에도 석유가 고갈되자 송탄유(松炭油)로 이를 대체하려고 한 작업이 실시되었다. 이 학교의 강제동원 실태는 1942년 말부터 자료에서 찾아볼 수 있다. 이 학교가 담당한 지역은 주로 칠곡군 지천 일대의 야산, 공산면 동화사 부근의 산림, 수성 뒷산, 앞산 등지였으며, 1인당 1회 5만 이상을 채집하였다. 만일 할당채집량을 미달한 학생들은 공공연히 체벌함은 물론, 이른바 수련 점수란 것을 두어 극히 불합리하게 평가하였다고 한다. 이로 인해 산림 또한 여지없이 황폐화되었다.

또한 근로동원의 일환으로 방공호 파기에 동원했는데 대구상업학교는 물론 시내의 각 도로 및 역 앞을 비롯하여 각처의 광장, 심지어는 대덕산 연병장과 사단사령부 등에 까지 가서 혹사당하였다.

이러한 근로동원과 군사 동원은 이 학교 학생들에게도 일제에 대한 극심한 반발 의식을 가지게 하였고, 독립운동을 계속하는 계기가 되었다. 실례로 2학년 1반 이태형은 전체 수석으로 수재였으나, 일기장 검열 사건으로 경찰에게 체포되어 징역 2년 이상 4년 만기를 받고 김천소년형무소에서 복역하였다.

그는 태극단 주모자 이상견, 김정진 등과 재회하여 계속 독립운동에 참여하게 되었다고 한다. 경북학도동원기구의 조직적인 학생 강제 동원활동은 무상으로 전개된 불법적인 근로 행위였다. 이로 인해 반일 의식이 강한 학생들은 '수재'에서 범죄자가 되어 버리는 통탄할 일이 벌어진 것이다.

2.2.5. 경북공립고등여학교 사례

ⓒ대구근대역사관 소장

경북공립고등여학교는 경북여자중고등학교의 전신으로서, 이 학교의 강제 동원 사례는 일제의 여학생 동원에 대한 실상을 생생하게 말해 준다.

경북고등여학교는 1926년 3월 27일 대구공립여자고등보통학교로 설립 인가되었으며, 1927년 11월 17일 남산동 710번지의 신교사로 이전 하였다. 1938년 4월 1일 조선 교육령 개정에 의하여 학교명을 경북공립고등여학교로 교명을 변경하였다.

1960년 2월 18일 경북여자고등학교와 분리하여 경북여자중학교가 재발족 인가되었다. 경북여중은 1970년 2월 14일 경혜여자중학교로 교명을 변경하였으며, 1982년 8월 12일 현재의 대명동 교사로 이전하였다.

여학생들에게 있어 당국의 세뇌교육은 더욱 가혹한 것으로 다가왔다. 당시 총독부와 일본 정부는 학교를 이른바 '황민(皇民)'을 단련하는 장'으로 삼고 획일화된 교육관을 강요하였다. 학생들에게는 절대 복종하는 교육관만 심어주었으며, 어떠한 비평도 건의도 용납하지 않았다고 한다. '일왕(天皇)'을 절대자 만백성의 어버이로 가르쳤고, 겉으로는 내선일체(內鮮一体)를 부르짖으며 내심으로는 민족을 차별하였다. 말을 듣지 않는 학생들은 가차 없이 퇴학시켰다.

그들은 노골적으로 학생을 교육한다는 것은 이른바 '성스러운 전쟁을 완수하고, 미국과 영국을 격멸'하는 목표를 달성하기 위한 수단이라고 했다. 1945년이 되자 학교를 병영으로 바꾸었으며, 이동하는 병력 수백 명이 학교를 드나들었다.

그리고 학생들은 '전력을 증강시킨다'는 명목으로 거의 매일 동원되었다. 총독부와 일본 육군, 해군 등의 대외행사에 동원되었고, 시국강연, 정신계몽 강연 등에 동원되어 강연장을 채웠다. 총독부는 전쟁에 동원하기 위한 선전을 위하여, 관제동원을 일상적으로 추진하였다. 총독부는 조선교육령 개정 축하 행사나 육·해군특별지원병령 실시, 징병제 실시 축하 행사는 물론 전몰자 위령제 등 각종 명목으로 동원하였다.

또한 학생들은 대구에 주둔하고 있던 일본육군80연대의 각종 행사에도 동원되었다. 군기제(軍旗祭), 육군 기념일의 분열식, 학도 시열식(視閱式)의 열병, 분열에 참여하였고, 시민체육대회의 매스 게임에서도 집단 연기하였다. 더구나 여학생들은 24km 행군대회에 참여하였으며, 항공부대에도 하루 일정으로 입대하였고, 군사 부대를 견학하였으며, 방공 연습에도 동원되었다.

앞의 사례에서도 보았듯이, 일제의 ILO 불법 행위와 관련하여 가장 주목되는 것은 학생들의 노동력 동원이었다. 품삯을 주지 않으면서 가장 편리하고 손쉽게 명령만 내리면 수많은 인력을 확보할 수 있었던 것이다. '근로봉사'라는 미명 하에, 1938년부터 해마다 여름 방학이면 10일간의 노동력 동원을 하고, 일을 마치면 수료증을 주고 학적부에도 기록을 남겼다. 1944년부터는 새로 수련이라는 과목을 정하고 평가기록을 하였다. 휴일에도 쉬지 않고 일을 하게 되면 '휴가헌납'이라고 하면서 국가에 대한 충성도가 높다고 미화하면서 '찬양'하였다.

당시를 회상한 이 학교의 한 학생은 '미·영 연합국에 의해 전세가 기울어지자, 일본정부와 군은 초조 광분하여 학생들을 온갖 잡역에 몰아넣어 못살게 굴었다'고 한다. 노동력 동원은 1943년부터 1945년 패망 직전까지 최고조에 이르렀다. 당시 당국이 얼마나 일을 강요했는지는 선전선동을 위한 노래에 잘 나타나 있다. '월월화수목금금'이라는 해군 군가인데, 제목에서 보듯이, 일요일이 없고 월요일이 두 번이며, 토요일이 없고 금요일이 두 번으로 쉬지 않고 연중무휴로 일을 하자는 내용이다.

전체주의 경제체제하 식량과 물자의 자유로운 상거래가 일체 금지된 상황에서 식량 배급량은 1인당 1일 2합 3작의 잡곡이니 식민지 백성들은 기아에 허덕이게 되었다. 당시 직접 동원을 당한 이○○ 학생은 "'근로보국'이란 허울 좋은 강제 노동에, 주린 배를 움켜잡고 시달린 고통은 '지상의 지옥'이라고 하여도 과언이 아니었다"고 한다.

심지어 여학생들은 육군병원에 동원되었다. 학생들은 동원된 부인들과 함께 병원에서 부상병의 모포를 세탁하거나 붕대를 감아주기도 하고, 군부대에 동원되어 군화를 수선하는 등 하기싫은 허드레 일이나 힘든 일을 도맡아 하였다.

당시 수많은 학교에서 학교 교정 정비작업을 하였다고 신문에도 나오고 있으나, 이 작업이 무엇인지에 대해서는 기록이 별로 없었다. 그런데 이 학교의 100년사에서 나타난 구체적인 자료는 이러한 의문을 풀 수 있게 하였다. 바로 학교 교정을 식량증산의 일환으로 농사를 짓게 한 것이다.

학생들은 교정에다 흙을 파서 피마자, 결명초 같은 작물을 재배하였고, 900평 정도를 실습 논이라고 하면서 벼농사도 지었다. 자연스레 논밭의 피뽑기와 모심기, 추수와 운반 작업 등에도 동원되었다.

이 학교 안에는 삼각지라는 작은 못이 있었는데, 이 못의 물을 퍼서 교정에 심은 작물에 물주기 작업을 하였고, 학교 화장실 오물을 퍼서 통에 담아 들고 돌아다니며 비료로 주기도 하였다고 한다. 더욱 심각한 것은 이 여학생들이 분뇨통을 어깨에 메고 운반하였으며, 이 때에 일본 군가를 부르도록 훈련을 받았는데, 노래 가사가 '연합군의 니미쯔 제독과 맥아더 장군을 죽이자'는 살벌한 내용을 담은 것이었다. 이런 노래를 국민가요라 하고 음악 시간에는 이런 노래를 가르쳤으니, 그들이 말하는 '황민 교육'이 학생들의 심성에 미칠 영향을 생각하면 정말 끔찍한 일이었다.

학교 교정 외에도 이 학교 학생들은 다양하게 동원되었다. 당시 총독부는 공장이나 농원도 군수에 충당하기 위해 징발하였는데, 수성동에 있는 대구 제2농원 즉 오카모토(岡本) 농장도 그 대상이었다. 학생들은 수시로 이 농장에 동원되어, 튼실한 사과만 남기는 적과 작업을 하였고, 자갈을 줍거나 풀을 뽑았다. 또한 징발된 잠종제조소에 가서 누에치기를 하였다. 그물(漁網) 공장에 배치된 학생은 군용 위장망을 만드는 작업을 했다.

1945년이 되자 전세는 더욱 급박해져, 이 학교 학생들은 각 병원에 배속되어 간호 실습이란 명목으로 동원되었다. 또한 원대동에 있는 남선피복공장에 배치되어 피복 만들기 봉제공(縫製工)이 되기도 하였다. 이 때 학교는 수백 명의 일본군 부대가 주둔하는 병영이 되었다.

이처럼 경북공립고등여학교 학생들은 경북학도동원본부의 지령에 따라 육해군의 각종 행사와 위문대로 동원되었고, 양잠제조소, 사과 적과, 피뽑기와 모심기, 피마자 심기, 군복 수선과 세탁, 병원에서 간호하는 일에 동원되었다. 심지어 학교 교정 자체가 병영으로 동원되기도 하였다. 학교 변소의 오물을 통에 담아 군가를 부르며 비료로 주어야 했다. 학교에 심은 피마자를 모아 기름을 짜서 항공기의 윤활유로 쓰면서 '전쟁에 반드시 승리할 것'이라 장담하던 당국을 보면서, 당시 학생들은 일본 정부를 거의 정신 이상자라고 인식하였다고 한다.

2.2.6. 신명여학교(대구남산고등여학교) 사례

ⓒ대구근대역사관 서장

지금까지 알려진 신명여학교(대구남산여학교)의 강제 동원 사례는 주로 1941년 태평양전쟁 이후의 일에 한정되어 있다. 이러한 사정은 이 학교가 일제의 종교 자유를 억압하는 신사참배 문제로 일제의 정책을 거부하였는데, 이 사태로 학교 운영 책임자가 미국으로 강제 추방 당한 사정에 따른 것이다.

이 학교는 미국 선교사 부인 마르다 스코트 부르엔(Martha Scott Bruen) 여사가 1907년 10월 15일 부인용 사랑채(당시 남산동: 지금의 동산동)에 신명여자중학교를 설립하였다. 그러나 신사참배 거부 문제로 일제가 1939년 4월 1일자로 선교회를 철수시켰으며, 브루엔 목사는 1941년 9월 19일에 일제에 의해 미국으로 강제 귀환하였다. 이후 1944년 4월 30일에 재단법인 대구남산여학교 유지재단이 설립되었으며, 1945년 3월 15일 일제의 교육정비령에 의하여 대구남산고등여학교로 교명이 변경되었다.

미국과 영국의 참전으로 전세가 기울어지게 되자, 더욱 탄압을 당하게 되었고 결국 학교 설립자가 미국으로 추방되는 지경에 이르렀다. 가장 먼저, 일제는 기독교 사상이 황민정신에 어긋난다고 하여, 성경과목을 폐지하고, 영어를 적국의 언어라고 하여 필수과목에서 빼라고 지시하였다. 그리고 학생들에게는 '일왕(天皇)'을 위하여 '땀과 피'를 제공하여야 한다고 설파하였다.

일제는 오직 전쟁에 이기기 위하여 '천황'을 내세우면서 학교의 과목을 폐지하고 경영진을 추방하였다. 학생들에게는 실습이라고 하면서 '근로가 곧 교육'이라고 의식을 주입하였다. 그 교육이라는 것이 솔방울을 줍고, 식량을 생산하기 위해 교지를 정비하고, 위문대에 나가는 활동이었다.

1943년 초부터 맥아더 장군이 이끄는 연합군은 사닥다리 작전을 감행하여 도쿄를 공습하기 시작하였다. 이때부터 한반도에서는 학생들을 동원하여 방공호 파기를 시작하였다. 아름답던 신명 동산 숲은 방공호를 만든다고 다 파헤쳐졌다.

또한 학생들을 공습에 대비한다고 하면서, 불 끄는 연습으로 양동이에 물을 담고, 열을 지어 손으로 운반하게 하는 원시적인 유희가 벌어지게 되었다고 한다. 학교 내에서는 공습을 알린다고 깡통 두드리는 요란한 소리가 고막을 시끄럽게 하였다. 이로 인해 신명여학교는 학교의 본질 자체가 바뀌게 되는 엄청난 변화를 겪게 되었다.

또한 신사참배 거부로 선교회가 물러난 1939년부터 군부는 모든 관심을 군에 쏟기 위한 수단으로 여학생을 활용하였다. 육군 병원과 군부대에 이른바 여학생 위문대를 조직하여 억지 위문을 시켰다.

그해 전쟁 자원과 노동력은 극도로 궁핍하게 되었으며 1944년부터는 수업을 전폐하면서 신명여학교 총력대 활동이 전개되었다. 학생들은 군수용 손장갑을 만들고 군복을 수선하는 일에 시달렸으며, 위문대로 나가는 등 인격적인 모욕을 받는 일이 허다하였다고 한다. 당시 일반 가정의 부인들도 '애국부인회'라는 이름 아래 군영에 동원되어 피땀으로 범벅이 된 군복을 세탁해야 했다.

이러한 군 관계 동원 이외에도 식량증산에 동원되었는데, '보리갈이'라는 동원이 5, 6월 사이에 한창 진행되었다. 농촌의 장정들을 군 또는 군수공장이나 탄광으로 보냈기 때문에 농번기에는 일손이 특히 많이 모자라, 여학생들까지 동원하였다.

신명이 배당받은 작업장은 원대동, 중리동, 비산동 일대였다. 이 작업에 주로 동원된 교사는 황윤섭, 오계환, 임성애, 오다(織田) 선생 등이었다. 그리고 총력대는 하기 방학이 되면 원대동에 있는 농사시험장으로 동원하여 풀 뽑기를 시켰다.

또한 이 학교에서도 다른 학교와 마찬가지로 비행기 프로펠러에 필요한 부동유를 공급하기 위하여 '솔광이 따기'를 시켰다. 남학생들은 송탄유 채집이라 해서 솔뿌리를 캐어내는 중노동을 하였는데, 이것도 기름을 짜서 비행기에 사용하려는 용도였다. 솔광이를 따는 각 개인의 책임 할당량은 1회 동원에 1관이었으며 남학생들의 솔뿌리 캐는 책임 수량은 8관이었다고 한다. 일본의 전쟁으로 인해 미국이 석유 수출을 금지하자, 그 영향이 학생들에게까지 전가되었던 것이다.

이처럼 신명여학교는 총동원체제 하에서 선교사의 신사거부 문제로 요주의 학교가 되었는데, 황국사상에 반한다 하여 성경과목을 폐지당하였고, 적국의 언어라고 영어 과목도 폐지되었다. 학교를 경영하던 선교사는 일제의 강압에 의해 운영에서 물러나게 되었고 결국 미국으로까지 강제 추방되었다.

이 학교에서 주목되는 동원의 양상은 학교 동산에 방공호를 만들려고 지령한 것이다. 그리고 여학생들을 군복을 수선하거나 군용 손장갑을 만드는 일에 동원하고, 심지어 군인들을 위한 위문대로 차출한 것이다. 일제는 이렇게 억누르고 강제로 학생들에게 일을 시키면서 '황민화 교육'을 한다고 말하였다.

7장
제국의 식민지 학생 희생시스템

오늘날에도 국제노동기구는 보고서에 '팬데믹 등으로 세계의 노동자는 저임금에 갑작스럽게 실업을 당하고, 국제결혼을 통한 농촌 생활 등으로 5천만 명의 사람들이 노예와 같은 삶을 살고 있다'고 보고되고 있다. 그것은 개발도상국 뿐만 아니라 선진국에서도 차별에 의해 상대적 박탈감을 느끼거나 인간 이하의 삶을 강요받는 사람들이 많다는 것이다. 일제강점기의 한인 노동자와 학생들은 식민지라는 상황 아래에서 마치 노예와 같은 삶을 강요당하며 살았다.

한인 노동자들은 식민지 상황 속에서 이민족의 전체주의적 독재지배체제에 놓여 저임금과 장시간 노동, 열악한 근무 환경 속에서 참고 또 참으면서, 가난에 떨고 배고픈 생활을 지냈다.

일제가 1938년부터는 학교 교장을 학생근로동원기구의 책임자로 삼았으며, 1941년부터는 학교총력대로 조직하였고, 교감과 교사들을 지도위원으로 임명하여 감독하게 하였다. 군대의 지휘

일제의 전쟁과 학생 강제동원

를 받아 학생들을 동원하여 군대식 사열과 일을 시켰다. 그들이 은폐했던 이름은 이른바 '근로 봉사'였다.

1944년 4월부터는 수업을 거의 하지 않았다. 교장과 교감, 교사는 '근로가 곧 교육' 이라는 말로 학생들을 호도하였으며, 수업대신 일을 시켰다. 심지어 국민학교 학생들까지 동원하였다. 물론 일에 대한 댓가도 주지 않았다. 대신 학교 보조금으로 주었다고 하지만 학생들은 수업을 하지 못했고 일만 했기 때문에 직접적으로 혜택을 받는 것은 거의 없었다. 이렇게 일본과 식민지에 있던 거의 모든 학생들이 일본 전쟁의 희생시스템 하에 놓이게 되었던 것이다.

일본 정부는 노무 동원에 강제성은 없었다고 누누이 강조하고 있다. 그러나 그것은 '완전 거짓말'이다. 왜냐하면 조선총독부가 작성한 공문서에도, 관보에도 강제로 동원하라고 지시되어 있기 때문이다. 더구나 학생들의 경우에는 조선교육령 개정을 통해 무상으로 학교시스템을 통해 체계적으로 강제 동원한 것이 명백하기 때문이다.

대구 지역 학교의 경우, 학도동원본부 산하 경북학도동원기구에서 조직적으로 학생 동원을 추진하였다. 학생들의 노무동원은 학교별로 실시되었고, 교장과 교사들이 군대식으로 감시를 하는 상황 하에서 전개되었다. 통솔이 필요할 때는 육군보병제80연대와 경북방위제24부대에서 관리하였다.

위에서 살펴본 학교와 학생들이 어디에 동원되었는지를 종합해보면 다음 그림과 같다.

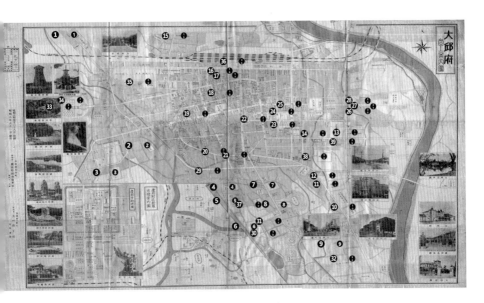

그림 10 | 대구부 동원학교와 동원 작업장
대구부, 『대구상공안내』(1936)를 기반으로 동원지역을 작성.

대구부와 대구권역의 학교는 다음과 같다.
① 달성보통학교 ② 신명여학교 ③ 계성학교 ④ 복명보통학교 ⑤ 대구교남학교 ⑥ 대구공립여자고등보통학교 ⑦ 대구공립보통학교 ⑧ 대구공립고등소학교 ⑨ 대구공립중학교 ⑩ 대구고등보통학교 ⑪ 대구공립상업학교 ⑫ 대구사범학교 ⑬ 대구의학전문학교 ⑭ 대구공립고등여학교

대구 내 주요 강제동원 관련 기업
⑮ 조선방직회사 대구조면공장 ⑯ 동아성냥 ⑰ 월성호모공업 ⑱ 조광업 ⑲ 대구산업 ⑳ 광성유리공업 ㉑ 남선양조사 ㉒ 경북지업 ㉓ 노무라호무구군수품 ㉔ 대구조선양조 ㉕ 와카마쓰상회 ㉖ 대구제작소 ㉗ 조생사 ㉘ 대구제사

대구 내 군대관련 시설
㉙ 대구측후소 ㉚ 장교관사 ㉛ 장교관사 ㉜ 일본군80연대

대구 내 기타 동원작업장
㉝ 대구신사 ㉞ 달성공원 ㉟ 대구자동차학원전습소
㊱ 대구역 ㊲ 형무소작업소 ㊳ 대구형무소 ㊳ 도립대구의원

일제의 전쟁과 학생 강제동원

이처럼 대구 지역 대표적인 학교 15개 학교에서만 6,610명이 1938년부터 1944년까지 하계 방학을 통해 동원되었고, 수시로 식량 증산, 오일 생산, 신사 청소, 사방공사, 동촌비행장 공사, 방공호 파기 등에 동원되었다. 1944년 이후에는 수업을 전폐하고 '근로가 곧 교육'이라는 은폐된 구호 아래 전쟁시설에 강제동원되었다.

대구지역에는 전문학교로서 대구의학전문학교, 대구사범학교, 대구농림학교가 동원되었다. 중고등학교는 대구상업학교, 대구공립농업학교, 신명여학교, 계성학교, 경북고등보통학교, 경북고등보통여학교 등 대구의 전문학교와 중등학교 학생들 대부분이 동원되었다는 것을 알 수 있다.

학생들은 총독부 학무국에서 학교에 하달한 동원 지시에 따라 식수사방공사, 하천제방축조공사, 대명동 활공장 정지작업, 비행장정지작업, 장작하산작업, 개간 작업, 섬유공장, 수류탄 공장 등으로 내몰렸다.

학생들이 대구·경북권역으로 강제 동원된 지역을 도표로 나타내면 다음과 같다. 교외에서는 생산동원이란 명목으로 대구의 학생들은 대구부는 물론 경북 각지로 동원되었다. 주로 의성 농촌 실태조사, 경산 방면의 모심기 동원, 대구 근교의 하천부지 개간 작업 등은 물론, 왜관 및 신동의 도로확장공사와 가창면의 사방공사 등의 근로작업에 강제로 동원되었다.

특히 1941년 진주만 공격 이후에는 미영군과 적국이 되어 항공전이 활발하게 되면서, 대구 영천(금호) 일대의 비행장 정지 작

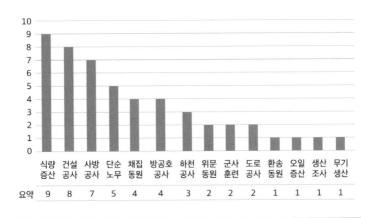

	식량 증산	건설 공사	사방 공사	단순 노무	채집 동원	방공호 공사	하천 공사	위문 동원	군사 훈련	도로 공사	환송 동원	오일 증산	생산 조사	무기 생산
요약	9	8	7	5	4	4	3	2	2	2	1	1	1	1

그림 11 | 학생 강제동원 유형 그래프

업이나 도로공사, 사방공사 등에 동원되었다. 시행은 대구부와 경북도는 물론, 육군보병제80연대와 결속하여 추진하였다. 대구동촌비행장을 확대하여, 육군80연대와 연결하는 도로를 확대하였다. 또한 무기를 숨기기 위한 동굴 은폐 시설을 만드는 등 군사적 목적에 따라 전개된 것이었다. 그 이외에도 대부분 대륙병참기지의 식량증산이나 석탄, 철공장 등에 동원되었다.

이처럼 국가총동원체제하에서 일제는 학생근로보국대를 활용하여 전국적으로 학생들을 동원하였다. 그 가운데 대구·경북 권역 학생들은 지금까지 살펴본 바와 같이 중등학생, 전문학생은 물론 국민학생도 조직적으로 강제 근로 동원을 당하는 피해를 입었다. '교육은 백년대계'라고 한다. 그런데 학교에 가서 일만 시키는 이런

그림 12 | 일제시기 강제동원에 대해 증언하신 할아버지들
(2021.7.5. 영천에서 촬영)

일들이 벌어졌던 것이다. 해방 이후 이러한 학생 강제 동원에 대한 문제 제기와 일제가 전쟁 과정에서 식민지 민중에게 가한 모든 행위를 배상 문제로 접근하는 어떠한 정부차원의 노력도 없었다.

이처럼 학생들을 강제 근로 동원한 것은 당시 ILO의 학생 근로 동원 금지 조항도 위반했을 뿐만 아니라, 근로 동원 과정에서 취한 교사들과 교장의 비인격적 처우와 퇴학을 시키는 행위는 피해자들에게 극심한 정신적 충격과 수치심을 주었다. 그것은 학생들의 인생에서 커다란 영향을 주었으며, 죽어서도 잊지 못할 치욕인 것이다. 또한 저항하는 학생들을 경찰에게 인도하여 형무소에서 징역을 살도록 하였다.

19세기 이래 서양제국의 아시아 침탈과 함께 시작된 제국주의 전쟁에서 강대국은 약소국의 영토를 빼앗아 식민지로 만들고,

그곳의 원료와 값싼 인력을 활용하여 막대한 부를 축적하였다. 일본은 미·일의 비밀외교로 동양에서 유일하게 전쟁을 통하여 제국화를 이루었다. 그들은 류큐왕국, 홋카이도의 아이누의 영토를 빼앗았으며, 타이완과 대한제국, 만주 등을 식민지로 삼았다.

일제는 중국, 동남아시아, 미영과의 전쟁에서 식민지를 대륙병참기지로 활용하였으며, 그 과정에서 한반도의 물자와 한국인들은 총동원되었고, 가장 밑바닥에서 학생들이 노예와 같이 강제 근로동원을 당하였던 것이다. 이렇듯 무상으로 전개된 식민지의 학생 희생시스템을 기반으로 일제는 전쟁 물자를 확보하였던 것이다.

따라서 일제가 식민지 지배하에서 학생들에게 행한 강제동원은 ILO의 국제법을 명백히 위반했다는 사실을 분명하게 국가적 차원에서 인식할 필요성이 있다. 그리고 이 문제는 식민지 지배 문제에 대한 배상문제의 하나로 다시 국제사회에서 거론할 필요가 있으며, 해당 행위를 한 국가는 반드시 피해자들에게 사죄를 하고 거기에 상응하는 배상을 해야 할 것이다. 그리고 도쿄전쟁범죄재판의 '인도에 관한 죄'에 해당한다는 점을 상기해야 할 것이다.

나가며

1868년 일본 근대의 문을 연 메이지 정부는 부국강병정책과 외교정책을 통하여 제국으로 성장하였다. 일본은 서양 제국처럼 함대와 포를 앞세워 무력으로 주변국들을 복속해갔다. 1945년까지 무려 77년간 제국화의 길을 걸었다. 결국 일제는 미국의 원자폭탄이 히로시마와 나가사키를 강타하면서 전쟁을 멈추었다.

　　그런데 일제는 자국의 전쟁을 위하여 주변국들을 희생하는 시스템을 만들었기 때문에, 식민지 조선에 살던 많은 사람들은 인권을 유린당하고, 교육을 제대로 받지 못하고 실습이라는 명목으로 근로를 시키고, 심지어 전쟁 말기에는 수업을 전폐하고 노동력을 무상으로 착취하였다. 학생들은 시키면 시키는대로 해야하는 노예와 다를 바 없는 취급을 당하였던 것이다. ILO 국제법에서도 엄연히 금지하고 있는 학생 강제 노동이 일본제국의 가장 밑바닥을 떠받치고 있었다.

　　일본이 패전한 이후, 학생 강제동원에 대한 배상·보상 문제는 한번도 식민지 배상 테이블에 올라가지 않았다. 2백만 명이 넘는 학생들이 일제의 희생양이 되었는데, 80년이 다 되어 가는 지금에도 식민지 배상 처리하는 항목조차 들어가지 못하고 거론조차도 되지 못하고 있다.

학생은 그 나라의 미래이고, 교육이 가장 중요하다. 하지만 일제는 식민지 학생을 이른바 '황국신민'으로 만들어 '천황'에게 충성하도록 만들기 위해 매일 매시간 의식화를 시켰다. 전쟁 물자를 동원하기 위해 학생들은 식량을 증산하고 도로를 만들고 비행장을 확장하고, 방공호 파는데 동원되었다.

학생들은 근로 동원을 당하면서 저항 의식도 더욱 커졌다. 그들은 독립운동을 위한 조직 활동을 하거나 태업을 하거나 문예활동을 통한 방법 등 다양하게 활동을 지속하였다.

또한 일제의 학생 강제 동원이 미친 영향 가운데 가장 최악인 것은 가장 신성하게 생각해야 할 노동에 대한 나쁜 생각들을 학생들에게 심었다는 점이다. 노동을 하는 것은 내가 살아있는 의미이며, 생명이 있는 동안 살아가기 위한 신성한 행위이다. 학생들은 학교생활을 하는 동안 내가 좋아하는 것과 잘하는 것이 무엇이며, 앞으로 어떻게 살아갈 것인가를 고민해야 할 때이다.

하지만 아시아태평양전쟁기 총동원체제하에서 초래된 학생들의 강제 근로 행위는 이러한 신성한 노동에 대한 생각을 갖지 못하고, 억지로 시켜서 해야하는 '하기 싫은 일'로 만들어버렸다. 그것도 '교육'이라는 이름을 쓰고 조선교육령을 개정해가면서, 학생들을 통제하였기 때문에 더욱 그 심각성이 크다고 할 수 있다.

일제의 목적은 전쟁을 통하여 사람들을 살상하고, 자신들의 이익을 차지하려는 것이었다. 이에 따라 학생들은 본의 아니게 전쟁에 노무 동원을 당하였다. 이렇게 되니 당시 학생들은 노동을 싫어하게 되었고, 인간적인 모멸감을 느끼는 일들을 체험하였다. 이에 저항하는 학생들은 퇴학을 시키거나 경찰을 불러 형무소로 끌고 갔다. 쓴소리를 하는 머리 좋은 학생들은 사회로부터 격리당하고 말았다.

그동안 강제동원이라고 하면 일본이나 해외로 강제동원당한 사람들을 주로 다루었다. 하지만 한반도 내에서 강제동원된 많은 사람들과 학생들에 대해서는 일본정부에서는 고려 대상으로도 상정하지않고 있으며, 한국정부도 그다지 주목하지 않았다.

이 글에서는 대구·경북을 사례로 일본정부와 군부가 한반도 내에서 감행한 학생들에 대한 조직적이고 비인권적인 강제동원을 구체적으로 적시하였다. 또한 이러한 일제의 행위가 학생 근로 행위를 금지하는 ILO국제법을 명백히 위반하고 있다는 문제점도 제기하고 있다.

아울러 일본의 제국화와 한국의 식민지화에 따라 깊이 인식해야하는 것은 지금도 형태는 다르지만, 지정학적 위치와 분단의 역사 때문에 한반도에서 전쟁의 위험이 도사리고 있다는 점이다. 이에 따라 우리들의 생명과 생활이 유사시에 유린당할 수 있기 때문에 강대국이 왜 그런 조약을 맺는지 엄격하게 감시할 필요성이 있다. 경우에 따라서는 강대국들이 한반도를 둘러싼 일들을 어떻게 처리하고 있는지 구체적으로 검토하고, 목소리를 내야 할 것이다. 왜냐하면 여기에 우리들의 생명과 국가의 운명이 걸려 있기 때문이다.

19세기 말 일본이 영국과 비밀협정을 맺고, 미국과 카쓰라테프트 조약을 맺을 때, 러일전쟁이 끝나고 조약을 맺을 때 대한제국이 일제의 종속국이 될 줄은 잘 알지 못했다. 그땐 대한제국을 '보호국'이라고 했다. 그리고 일본이 패전하고 그 식민지 영토를 규정짓는 샌프란시스코 조약을 맺을 때(1952년 4월 28일 발표), 남북한은 전쟁 중으로, 이 조약에 참여도 하지 못했다.

일본정부는 중국과 결전을 벌이고, 진주만을 습격하면서 미·영·소 등 연합국을 대상으로 태평양전쟁을 벌였다. 이 때문에 일제는 한반도를 대륙병참기지로 만들고 모든 물자와 인력을 총동원하는데 혈안이 되었다. 당연히 이곳에 살던 사람들은 잘 먹지 못하고, 아들을 군인이나 군속으로 군대에 보내 이별하고, 열차가 돌아오는 시각에 역 앞에 우두커니 앉아 기다리고 또 기다렸다.

학생들은 대부분 법적 장치인 조선총독부 정무총감이 주도하는 학도동원본부 산하 학도동원기구를 통해 조직적으로 동원되었다. 근로동원지는 대부분 군사 거점과 밀접하게 연관이 되어 있었다. 전국적으로 학생들은 군사기지를 만들거나 군수물자를 생산하기 위하여 동원되었다.

대구지역의 학생들은 대구군사관구, 대구신사, 대구동촌비행

일제의 전쟁과 학생 강제동원

장(제11항공부대), 금호비행기격납고, 육군보병제80연대, 철공장, 남선방직, 조선방직 대구공장, 방공호 파기 등에 동원되었다.

거의 대부분의 학생들이 동원되어, 식량증산을 하기 위해 농장을 만드는데 가서 호박구덩이를 파고 경지를 정리하는 일을 담당하였다. 주요 학교의 경우에는 총알을 만들거나 비행장에 가서 격납고를 만들거나 방호를 위한 굴을 팠다. 학생들의 노동조건은 너무나 열악하였다. 그들은 잘 먹지도 못하였고, 단체로 숙식하는 곳에서는 벌레가 들끓어 전염병이 돌았으며, 덮고 자는 이불도 신발도 변변히 없었다.

학생들은 이러한 근로 조건과 대우에 저항하였고, 결국 집단 숙소의 담장을 넘어 탈출을 시도하기도 하고, 식사나 노동조건에 불만을 품고 싸움하기도 하였다. 심지어 학교의 문예부를 이용하여 독립운동에도 가담하였다.

학교의 강제동원은 경성(서울), 부산, 평양 등 전국적인 것이었고, 대구의 경우, 전문학교는 대구사범학교, 대구의학전문학교, 대구공립농림학교 학생들이 동원되었다. 이 학생들도 전국적인 차원에서 이루어진 농장 건설, 학교 내 정지 작업과 주변 도로를 넓히는 일 등에 동원되었다. 그리고 사범학교 학생들은 초등학교 학생들을 감독하기도 하고, 대구의학전문학교 교수와 학생들은 의사가 없는 곳에 왕진을 가야했다.

중등학교는 대구공립상업학교, 신명여학교(대구남산고등여학교), 대구고등보통학교(경북중고등학교), 계성학교 등의 학생들이 집중적으로 동원되었다. 이 학교들은 육군보병제80연대가 인근에 위치해 있어, 총독부와 군부는 학생들을 동원하기가 용이하였다.

학생들은 1939년 국가총동원체제하 학도동원령이 발효된 이후, 육군보병제80연대의 통솔 하에 교련 실습을 하였고, 이 지역의 예비군으로 양성되고 있었다. 또한 경북방위군제24부대의 통솔 하에 학교에서는 학교근로대(學校勤勞隊)를 만들어 '근로봉사'나 '근로교육동원'이라는 미명하에 대구비행장은 물론 무기생산, 식량증산을 위해 대구·경북의 각 군사거점 시설과 기업, 농장, 인근 야산 등으로 차출하여 학생들에게 강제 노역을 시켰다.

이러한 총독부의 학생 강제 근로동원은 당시 ILO(국제노동규약) 제11조에서 학생 근로를 금하는 국제 조약을 명백히 위반하고 있다. 이 문제는 식민지 배상문제로서, 당시 학생들의 피해상황과 그 배상문제를 엄격하게 국제사회에 제기할 필요성이 있다고 할 수 있다. 또한 【대일항쟁기 강제동원 피해조사 및 국외 강제동원 희생자 등 지원에 관한 특별법】에도 포함시켜야 할 것이다.

지금까지 글을 통해 아시아태평양전쟁기 일본의 총동원체제가 어떻게 각 학교까지 하달되는지 강제동원시스템의 하부구조를 알 수 있었다. 특히 대구·경북에 소재하고 있는 학교를 사례로 구체적인 실상을 밝히는 방법을 제시함으로써, 타 지역이나 학교의 강제동원 사례를 체계적으로 발굴하기 위해서도 유용하게 쓰일 수 있을 것이다. 이를 기반으로 아시아태평양전쟁기 강제동원의 피해자 보상법에 무상으로 강제 동원된 학생들을 포함해야 하는 문제를 재기할 수 있을 것이다.

오랜 세월을 기다려 중앙 권력을 장악한 죠슈벌 세력은 주변 국가와 한반도를 경략하였다. 그들은 면방직 부문에서 세계 1위를 차지하였고, 군사적으로도 미국과 영국을 대적할 정도로 강대해졌다. 그 영광스런 이름의 밑바닥에는 한국인을 비롯하여 수많은 사람들과 학생들의 희생이 있었다.

하지만 식민지의 어린 학생들까지 강제 동원하여 전쟁을 떠받치는 최전선으로 내몰면서, 한반도 전체를 희생시스템으로 만들었다. 더 심각한 것은 이 죠슈벌 세력이 현재까지도 정권을 잡을 때가 많으며, 이제 '평화헌법'을 수정하여 한반도 전쟁과 세계 전쟁에 개입하려고 하고 있다는 사실이다.

일본의 정치가들은 은근히 때로는 노골적으로 한국인을 무시하고 있다. 그들의 차별의식은 어른들로부터 학습되어 잠재되어 있으며, 그 행동들이 한반도 정책으로 나타나기도 한다.

수많은 식민지를 경략하던 일본은 1945년 미국에 의한 원폭 투하로 전쟁에서 패배를 맛보았으나, 다시 냉전체제 속에서 한국 전쟁에서 물자를 생산하여 고도성장기를 맞이하였다. 이후 세계 경제의 커다란 굴곡 속에 오랫동안 스테그 플레이션 현상으로 경기가 침체되었다. 한국 전쟁을 겪고 세계에서 경제 꼴찌였던 한국은 그동안 정치적·경제적으로도 급속하게 성장하였고 민주주의도 성숙하였다.

그렇지만 이러한 경제적·민주적 역량을 지키기 위해서는 많은 관련 연구와 국제적으로 정치경제적 노력이 필요하다. 여전히 한국은 북한과 대결 국면에 놓이고 있으며, 미국과 중국, 일본과 러시아 등 강대국들의 패권 다툼 속으로 들어가고 있는 형국이다. 한국은 또다시 새로운 위기를 맞이하고 있다.

한반도에 사는 우리의 생명과 인류의 안전한 미래를 위해 과거의 일에 대해서는 바로 알아야 하고, 늦었지만 일본정부는 한국은 물론 주변 국가와 현재와 미래의 관점에서 식민지 지배에 대하여 겸허히 사과하고 배상을 해야 할 것이라고 생각된다. 이것이 진정한 한국과 일본의, 나아가 동아시아의 평화를 지키는 일이며, 보다 나은 미래로 나아가기 위한 진일보일 것이다.

참고문헌

[학위논문]

강필구, 「일제의 전시체제기 한국인 강제동원 실태분석 : 대구광역시 강제동원 피해신고자를 중심으로」, 계명대 석사학위논문, 2014.

김난영, 「일제말기 경북 의성군의 노무동원 현황과 실태」, 충남대 석사학위논문, 2011.

김미정, 「전시체제기 조선총독부의 여성노동력 동원정책과 실태」, 고려대 박사학위논문.

김민영, 「日帝의 朝鮮人 勞動力 收奪에 關한 硏究 : 强制動員을 中心으로」, 전남대 박사학위논문, 1991.

김진영, 「일제 말 강화군에 대한 인력동원의 실태와 추이(1938-45) : 국가기록원 소장 '일제강제연행자 명부'를 중심으로」, 경희대 석사학위논문, 2008.

노영종, 「일제 말기 충남지역 노동력 강제동원과 거부투쟁」, 충남대 박사학위논문, 2019.

문혜지, 「일제말기 완도지역 노무동원 연구」, 목포대 석사학위논문, 2014.

이복주, 「일제말기 강제동원의 유형과 실태」, 건국대 석사학위논문, 2011.

이상의, 「1930-40년대 日帝의 朝鮮人勞動力 動員體制 硏究」, 연세대 박사학위논문, 2003.

임현진, 「일본 강점기하의 한국인 노동력 강제동원에 관한 실태연구 : 일제말기 노동력동원을 중심으로」, 경남대 석사학위논문, 2006.

조 건, 「전시 총동원체제기 조선 주둔 일본군의 한국인 통제와 동원」, 동국대 박사학위논문, 2015.

조원준, 「일본 강점기하의 한국인 노동력 강제동원에 관한 실태연구 : 일제말기 노동력동원을 중심으로」, 부경대 석사학위논문, 2006.

피혜민, 「전시체제기 경남지역 고등여학교 학생 동원과 '한국사' 교과 활용」, 동아대 석사학위논문, 2019.

김기홍, 「日帝下 전시총동원체제기(1938~45) '皇民化'교육 연구-학교 교육의 敎育活動을 中心으로-」 연세대 석사학위논문, 2000.

김윤미, 「근로보국대 제도의 수립과 운용(1938~1941)」, 부경대 석사학위논문, 2007.

박민찬, 「전시체제하의 중등교육과 학생동원-동래중학교·부산중학교의 사례 비교연구」, 동아대 석사학위논문, 2019.

손종현, 「일제 제3차 조선교육령기하 학교교육의 식민지배관행」, 경북대 박사학위논문, 1993.

유철, 「일제강점기 皇國臣民 敎化를 위한 '身體'論 : 國語讀本, 體操, 唱歌, 戰時歌謠를 중심으로」, 전남대 박사학위논문, 2015.

이정연, 「韓國における社會敎育の起源と變遷に關する硏究 : 大韓帝國末期から植民地時代までの近代化との關係に注目して」, 名古屋大學 박사학위논문, 2005.

표영수, 「일제강점기 한국인 지원병제도 연구」, 숭실대 박사학위논문, 2008.

[학술논문]

康季三, 「日本-戰時體制下의 勞使關係」, 『西原大學 論文集』 17, 西原大學校, 1986.

강대민, 「노다이 사건 구술 재검토」, 『한국민족운동사연구』 49, 한국민족운동사학회, 2006.

강만길, 「侵略戰爭期 일본에 강제동원된 조선노동자의 저항」, 『한국사학보』 2, 1997.

강명숙, 「일제말기 학생 근로 동원의 실태와 그 특징」, 『한국교육사학』 30권 2호, 한국교육사학회, 2008.

강창일, 「일제의 조선지배정책」, 『역사와 현실』 12, 1994.

고쇼 타다시(古庄 正), 「朝鮮人 强制連行과 廣告募集」, 『한일민족문제연구』 3, 한일민족문제학회, 2002.

곽건홍, 「침략전쟁기(1937~45) 일본에 강제동원된 조선노동자의 존재형태 : 군대식 노동규율과 노동조건의 민족적 차별을 중심으로」, 『亞細亞硏究』

45-2, 고려대학교 아세아문제연구소, 2002.

곽건홍, 「특집 : 한국사회의 과거청산 ; 일제강점기 "강제동원, 강제노동" 문제 청산의 현재적 과제」, 『기억과 전망』 4, 민주화운동기념사업회, 2003.

권미현, 「강제동원 구술자료의 관리와 활용-일제강점하강제동원피해진상규명위원회 소장 구술자료를 중심으로-」, 『기록학연구』 16, 한국기록학회, 2007.

권숙인, 「식민지배기 조선 내 일본인학교 - 회고록을 통해 본 소·중학교 경험을 중심으로」, 『사회와 역사』 77호, 한국사회사학회, 2008.

권영배, 「일제말 전시체제하 중등학교의 동원과 저항 : 대구지역을 중심으로」, 『역사교육논집』 40, 역사교육학회, 2008.

김경남, 「전시체제기 중층적 결재구조로 본 강제동원」, 『한일민족문제연구』 35, 한일민족문제학회, 2018.

김경남, 「아시아태평양전쟁기 대구의 시가지계획과 군사기지화 정책」, 『영남학』 78, 영남문화연구원, 2021.

김명구, 「일제시기 사회사업 전개와 대구 사례」, 『대구사학』 128, 대구사학회, 2017.

김명숙, 「일제강점기 학적부 양식의 변화로 본 식민지 교육의 일상 –동덕여고 학적부(1914-1945)를 중심으로」, 『한국사상과 문화』, 한국사상문화학회, 2017.

김미현, 「전시체제기 인천지역 학생 노동력 동원」, 『인천학연구』 12, 인천대학교 인천학연구원, 2010.

김민영, 「한국인 이주, 강제동원 역사의 연구 : 일제강점기 국내 노무동원에 대한 연구 : 전북지역의 사례」, 『한일군사문화연구』 16, 한일군사문화학회, 2009.

김윤미, 「총동원체제와 근로보국대를 통한 국민개로-조선에서 시행된 근로보국대의 초기 운용을 중심으로(1938~1941)」, 『한일민족문제연구』 14, 한일민족문제학회, 2008.

김윤미, 「일제말기 거문도 요새화와 한국인 동원」, 『한일민족문제연구』 22, 한일민족문제학회, 2012.

노영종, 「일제강점기 노무자원 조사와 충남지역 강제연행」, 『한국근현대사연구』 78, 한국근현대사학회, 2016.

다케우치 야스토, 「한국인 이주, 강제동원 역사의 연구 : 강제연행기한국인 명부 조사 현황과 과제」, 『한일군사문화연구』 16, 한일군사문화학회, 2009.

류시현, 「태평양전쟁 시기 학병의 '감성동원'과 분노의 기억-학병수기집 『청춘 만장』을 중심으로」, 『호남문화연구』 52, 호남학연구원, 2012.

박맹수, 「日帝末期 北海道로 強制動員 된 全北 出身 勞務者 213명의 名簿」, 『한 일민족문제연구』 8, 한일민족문제학회, 2005.

박제홍, 「간이학교의 황민화교육 : 조선총독부편찬 간이학교용 교과서를 중심 으로」, 『일본어교육연구』 73, 한국일본어교육학회, 2015.

박철희, 「일제강점기 한국중등교육」, 『한국교육사학회 학술대회』 7, 한국교육사 학회, 2004.

박철희, 「일제강점기 중등학생의 일기를 통해 본 식민교육」, 『교육사회학연구』 26권2호, 한국교육사회학회, 2016.

변은진, 「일제 침략전쟁기 한국인 '강제동원' 노동자의 저항과 성격 : 일본 내 '도주'·'비밀결사운동'을 중심으로」, 『亞細亞硏究』 45-2, 고려대학교 아세아문제연구소, 2002.

서혜선, 「자료소개 : 일제강점하 강제동원 관련 자료 소개」, 『한성사학』 25, 한성 사학회, 2010.

신주백, 「일제의 교육정책과 학생의 근로동원(1943-1945)」, 『역사교육』 78호, 역 사교육연구회, 1999.

신주백, 「1945년 한반도에서 일본군의 '본토결전' 준비 : 편제와 병사노무동원을 중심으로」, 『역사와현실』 49, 한국역사연구회, 2003.

신주백, 「일제 말기 체육 정책과 한국인에게 강제된 건강 -체육 교육의 군사화 경향과 실종을 중심으로」, 『사회와 역사』 68, 한국사회사학회, 2005.

안자코 유카, 「총동원체제하 한국인 노동력 '강제동원' 정책의 전개」, 『한국사학 보』 14, 고려사학회, 2003.

안홍선, 「식민지시기 중등 실업교육의 성격 연구 = 실업학교 학생 특성과 입학 동기 분석을 중심으로」, 『아시아교육연구』 16권2호, 2015.

윤호정, 「일제 말 『매일신보』의 한국인 학병 동원 담론의 양상과 특징」, 『동북아 역사논총』 67, 동북아역사재단, 2020.

이경숙, 「전시체제기 대구사범학교 학생 일기 분석 : 기록과 비(非)기록의 관점에 서」, 『한국교육사학』 41-1, 한국교육사학회, 2019.

稲葉継雄(이나바 쓰키오),「釜山中学校について-在朝鮮「內地人」学校の事例研究」,『韓国研究センター年報vol3·4』,韓国研究センター, 2004.

이병례,「특집 : 일제강점기 한국인 강제동원정책 ; 일제하 전시체제기 경성부의 노동력 동원구조」,『史林』24, 수선사학회, 2005.

이병례,「일제강점기 한국인 강제동원정책 ; 일제하 전시체제기 경성부의 노동력 동원구조」,『史林』24, 수선사학회, 2005.

이상의,「1930년대 日帝의 勞動政策과 勞動力 收奪」,『한국사연구』94, 한국사연구회, 1996.

이상의,「아시아·태평양전쟁기 일제의 '인천조병창' 운영과 한국인 학생동원」,『인천학연구』1-25, 인천대학교 인천학연구원, 2016.

이상의,「태평양전쟁기 한국인 '징용학도'의 동원과 노무관리 -계훈제의 회고록「植民地 野話」를 중심으로」,『한국민족운동사연구』90, 한국민족운동사학회, 2017.

이상의,「구술로 보는 일제하의 강제동원과 '인천조병창'」,『東方學志』188, 연세대학교 국학연구원, 2019.

이상의,「아시아·태평양전쟁기 일제의'인천조병창' 운영과 한국인 학생동원」,『인천학연구』25, 인천대학교인천학연구원, 2016.

이송희,「일제하 부산지역 일본인사회의 교육 1 : 일본인 학교 설립을 중심으로」,『한일관계사연구』23, 한일관계사학회, 2005.

이수환·이광우,「1939~1945년 경북 지역의 노동력 강제동원」,『민족문화논총』58, 영남대학교 민족문화연구소, 2014.

이정연,「植民地朝鮮における実業補習教育に関する一考察」,『生涯学習·キャリア教育研究』第7号, 2011.

장성욱,「일제 말기 경산 '決心隊'의 강제동원 거부투쟁」,『한국독립운동사연구』47, 독립기념과 한국독립운동사연구소, 2014.

장성욱,「일제 말기 慶山 '決心隊'의 강제동원 거부투쟁」,『한국독립운동사연구』47, 독립기념관 한국독립운동사연구소, 2014.

전기호,「日帝下 朝鮮人 强制 連行·强制勞動에 있어서 强制의 性格에 관한 연구」,『經濟研究』16, 慶熙大學校附設慶熙經濟研究所, 2000.

전상숙,「강제동원의 과거사 해소를 위한 역사정치적 고찰」,『亞細亞研究』57-3, 고려대학교 아세아문제연구소, 2014.

전성현, 「일제말기 경남지역 근로보국대와 국내노무동원-학생 노동력 동원을 중심으로」, 『역사와경계』 95, 부산경남사학회, 2015.

정태헌, 「일제의 반인륜적 한국인 강제노무동원과 임금 탈취」, 『역사와현실』 50, 한국역사연구회, 2003.

정혜경, 「일제말기 경북지역 출신 강제동원 노무자들의 저항」, 『한일민족문제연구』 25, 한일민족문제학회, 2013.

정혜경, 「한국인 이주, 강제동원 역사의 연구 : 국내 소장 전시체제기 한국인 인적동원 관련 명부자료의 실태 및 활용방안」, 『한일민족문제연구』 16, 한일민족문제학회, 2009.

정혜경, 「기억에서 역사로 : 일제 말기 일본제철(주)에 끌려간 한국인 노동자」, 『한국민족운동사연구』 41, 한국민족운동사학회, 2004.

鄭惠瓊, 「일제 말기 강제연행 노동력 동원의 사례 : '조선농업보국청년대'」, 『한국독립운동사연구』 18, 한국독립운동사연구소, 2002.

정혜경, 「日帝末期 慶北지역 出身 强制動員 勞務者들의 抵抗」, 『한일민족문제연구』 25, 한일민족문제학회, 2013.

정혜경, 「일제말기 제주도 군사시설공사에 전환배치된 한국인 광부의 경험 세계-한반도 내 강제동원 피해에 대한 인식과 배경을 중심으로-」, 『한일민족문제연구』 35, 한일민족문제학회, 2018.

정혜경, 「한국인 이주, 강제동원역사의 연구 : 국내 소장 전시체제기 한국인 인적동원 관련 명부자료의 실태 및 활용방안」, 『한일군사문화연구』 16, 한일군사문화학회, 2009.

정혜경, 「특집 : 일제강점기 한국인 강제동원정책 ; 일제말기 한국인 강제연행, 강제노동에 관한 기록사료-수집 및 활용 방안을 중심으로-」, 『史林』 24, 수선사학회, 2005.

정혜정, 「일제하 간이학교(1934-1942)와 근대 '노작교육'」, 『한국교육사학』 30권2호, 한국교육사학회, 2008.

지영임, 「구술을 통해 본 일제하 제주도내 강제동원의 실태와 특징」, 『사회와 역사』 72, 한국사회사학회, 2006.

최경옥, 「대일항쟁기 국내강제동원희생자 지원에 관한 문제점」, 『公法學研究』 18-3, 한국비교공법학회, 2017.

최성희, 「雜誌『學生』からみる植民地朝鮮の中等教育」『中央大学政策文化総合研

究所年報』22, 2018.

키무라 칸, 「총력전체제기의 조선반도에 관한 일고찰 : 인적 동원을 중심으로」, 『한일역사 공동연구보고서』 5, 한일역사공동연구위원회, 2005.

표영수, 「일제강점기 육군특별지원병제도와 한국인 강제동원」, 『한국민족운동 사연구』 79, 한국민족운동사학회, 2014.

표영수, 「일제강점기 한국인 군사훈련 현황」, 『숭실사학』 30, 숭실사학회, 2013.

한혜인, 「"강제연행"에서의 공출구조 -1939, 40년의 조선총독부 정책과 부산직 업소개소의 역할을 중심으로-」, 『한일민족문제연구』 4-0, 한일민족문제 학회, 2003.

한혜인, 「총동원체제하 직업소개령과 일본군 위안부 동원-제국 일본과 식민지 조선의 차별적 제도운영을 중심으로-」, 『史林』, 수선사학회, 2013.

한혜인, 「전시기(戰時期) 한국인 강제연행의 경로-강제연행 정책수립의 과정을 중심으로-」, 『한일군사문화연구』 5, 한일군사문화학회, 2007.

홍순권, 「일제시기 직업소개소의 운영과 노동력 동원 실태」, 『한국민족운동사 연구』, 한국민족운동사학회, 1999.

황선익, 「중일전쟁 이후 경북지역 병력동원과 항일운동」, 『한국학논총』 42, 국 민대학교 한국학연구소, 2014.

히구치 유이치, 「한국인 강제동원 연구의 현황과 과제」, 『한일민족문제연구』 30, 한일민족문제학회, 2016.

[단행본 및 조사보고서]

강만길, 『일제의 한국인 강제 동원에 관한 연구』, 1993.

곽건홍, 『일제의 노동정책과 조선노동자 : 1938-1945』, 신서원, 2001.

경북중·고등학교총동창회, 『경맥117년사』, 2016.

국무총리실 강제동원피해진상규명위원회·국무총리실 대일항쟁기강제동원피 해조사 및 국외강제동원희생자등지원위원회, 『강제동원 명부 해제집』, 일제강점하강제동원피해진상규명위원회, 2009.

국무총리 대일항쟁기강제동원피해조사및국외강제동원희생자등지원위원회, 『일제강제동원보도자료 모음집 : 2010, 하반기』, 대일항쟁기강제동원피 해조사및국외강제동원희생자등지원위원회, 2010년도판, 2012년도판, 2014년도판, 2015년도판.

김경남, 『일본의 식민지배와 역사적 책임』, 경북대학교 출판부, 2020.

김대상, 『(일제하) 강제인력수탈사』, 정음사, 1975.

김민영, 『일제의 한국인 노동력 수탈 연구』, 한울, 1995.

김호경, 『일제 강제동원, 그 알려지지 않은 역사 : 일본 전범기업과 강제동원의 현장을 찾아서』, 돌베개, 2010.

대구광역시 자치협력과, 『일제강점하 강제동원 구술기록집』, 대구광역시, 2007.

대구농림고등학교총동창회, 『대구농고구십년사』, 2000.

대구상업고등학교오십년사편찬회, 『대상오십년사』, 1973.

모리사키 가즈에, 박승주 외 1명 역, 『경주는 어머니가 부르는 소리』, 2020

민족문제연구소 태평양전쟁피해자보상추진협의회, 『빼앗긴 어버이를 그리며 : 강제동원피해자 유족 증언집』, 민족문제연구소, 2017.

박경식, 『한국인 강제연행의 기록』, 고즈윈, 2008.

신명백년사, 『신명백년사』, 2007.

양태호·박경식·야마다 쇼지, 『朝鮮人强制連行論文集成』, 明石書店, 1993.

우영송, 『전라남도 해남 옥매광산 노무자들의 강제동원 및 피해실태 기초조사』, 대일항쟁기강제동원피해조사및국외강제동원희생자등지원위원회, 2012.

일제강점하강제동원피해진상규명위원회, 『강제동원 관련 보도 모음집 : 2004. 11. 10-2005. 11. 9』, 일제강점하강제동원피해진상규명위원회, 2005.

일제강점하강제동원피해진상규명위원회, 『일제강제동원보도자료 모음집』, 일 제강점하강제동원피해진상규명위원회, 2009.

일제강점하강제동원피해진상규명위원회, 『진실과 화해, 미래를 위한 진상규 명』, 일제강점하강제동원피해진상규명위원회, 2006.

일제강점하강제동원피해진상규명위원회, 『강제동원 기증 자료집 : 사진류. 명부류. 문서류. 박물류. 기타』, 일제강점하강제동원피해진상규명위원회, 2006.

일제강점하강제동원피해진상규명위원회, 『진상조사보고서』, 국무총리소속 일

일제의 전쟁과 학생 강제동원

제강점하강제동원피해진상규명위원회, 2006.

정혜경,『(일제 강제 동원)이름을 기억하라!』, 사계정출판사, 2017.

정혜경,『강제동원을 말한다, 명부편』, 선인, 2011.

정혜경,『일본 '제국'과 한국인 노무자 공출 : 한국인 강제연행·강제노동 연구 2』, 선인, 2011.

정혜경,『일제 강점기 한국인 강제동원 연표』, 선인, 2018.

정혜경,『일제말기 한국인 강제연행의 역사 : 사료연구』, 경인문화사, 2003.

정혜경,『조선 청년이여 황국 신민이 되어라 : 식민지 조선, 강제 동원의 역사』, 서해문집, 2010.

정혜경,『징용 공출 강제연행 강제동원』, 선인, 2013.

진영만 외,『일제 강제동원 진상조사보고서』, 대일항쟁기강제동원피해조사및국외강제동원희생자등지원위원회, 2016.

최인영,『국내 주요 공장의 강제동원 실태에 관한 기초조사 :『경성일보』기사 색인을 중심으로』, 일제강점하강제동원피해진상규명위원회, 2008.

쿠키뉴스 기획취재팀,『지워진 역사, 강제동원』, 좋은땅, 2018.

한일관계사연구논집 편찬위원회,『일제 식민지배와 강제동원』, 경인문화사, 2010.

한일문제연구원,『빼앗긴 조국, 끌려간 사람들 : 7백만 한국인 강제동원의 역사』, 아세아문화사, 1995.

한일민족문제학회,『강제연행. 강제노동 연구 길라잡이』, 선인, 2005.

허광무 외,『일제 강제동원, 정부가 중단한 진상규명』, 선인, 2020.

혼마 치카게, 신호 역,『스기야마 토미』, 눈빛, 2011.

홍순권,『강제동원의 역사와 현장 , 부산광역시편』, 국립일제강제동원역사관, 2016.

화성시,『일제강점기 강제동원 구술자료집1~3』, 화성시, 2018.

[연구 단행본]

外村大(도노무라 마사루),『한국인 강제연행』, 뿌리와 이파리, 2012.

부산근대역사관, 『근대의 기억 학교에 가다 : 2011년 부산근대역사관 특별 기획
　　전』, 부산근대역사관, 2011.

이만규, 『조선교육사Ⅱ』, 거름, 1988.

정혜경, 『조선청년이여 황국 신민이 되어라』, 서해문집, 2010.

차은정, 『식민지의 기억과 타자의 정치학』, 선인, 2016.

한국교육연구소, 『한국교육사 - 근·현대편』, 풀빛, 1993.

일제의 전쟁과 학생 강제동원